JN409419

세월을
거슬러 간
여행

신덕재 수필집

세월을 거슬러 간 여행

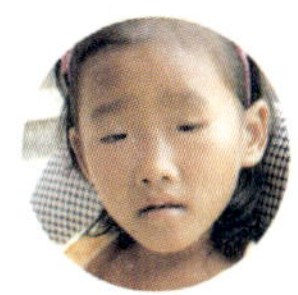

작가의 말

삶의 발자취

산다는 것은 즐거움이기도 하고 고행이기도 하고 존재 가치의 현실이기도 하고 더불어 부대끼는 갈등과 소통이기도 하고 행복과 불행의 교차점이기도 하고 흥분과 실망의 징검다리이기도 하다.

이 모습을 작은 테두리 안에 넣는다는 것은 무리이리라!

특히 봉사와 나눔의 삶을 작은 책이라는 범주에 넣는다는 것은 정말로 힘든 일이다.

생활 속의 봉사와 나눔은 한 번 지어먹은 마음으로 되는 것도 아니고 또 계획을 세우고 조밀하게 프로그램을 짜서 되는 것도 아니다.

평범 속 고뇌와 갈등, 전율과 짜릿한 느낌이 화산처럼 분출해 저 깊은 곳 에너지가 자신도 모르게 솟아오를 때 생활 속의 봉사와 나눔은 완성되고 결실을 맺게 된다.

이런 매김이 이 책 속에 녹아 읽는 이에게 감동과 희망을 주어 '나도 한 번 해 보아야 겠다는 마음이'생겼으면 좋겠다.

나이 타령, 어머니 이야기가 많다.

홀어머니 밑에서 성장해 고희를 넘고 보니 쓸데없는 눈물이 많이 나고 지난날을 많이 회상하게 된다.

이게 큰 흠이겠냐만은 남에게는 진부한 면이 없지 않겠다.

다만 우리가 살아가는 한 단면이려니 생각해 주면 감사하겠다. 그래도 세월을 거슬러 간 두 아이의 어기진 여행은 나의 삶이기도 하고 먼 타국의 어린 소녀의 삶이기도 해 먹먹한 가슴을 저며 본다.

여행은 삶의 활력소이자, 미래의 디딤돌이다.

짧은 생을 여행이라는 돛단배를 타고 유유자적할 수 있다면 이 또한 삶의 진수이리라!

살자! 살자! 살자!

찌든 삶을 봉사와 나눔을 통해 너와 내가 기쁘고 즐거운 세상에서 여행이라는 돛단배를 타고 유유자적해 보자.

이 책의 출판을 도와주신 신아출판사 관계자 여러분과 국제펜클럽 한국본부 손해일 이사장님께 감사를 드립니다.

CONTENTS

제2부

봉사와 나눔

제3부

길 따라, 물 따라, 산 따라

제1부

삶과 생활 속의 여정

겨울 담쟁이

고즈넉한 돌담에 푸르고 넙적한 담쟁이 잎이 탐스럽게 걸려 있다.

소소한 바람이 담쟁이 잎을 스치고 지나간다.

바람결을 따라 담쟁이 잎이 파도치듯 춤춘다.

우리의 마음을 어루만지며 이야기하듯…….

어느 잎은 간지럽다고 웃고 어느 잎은 슬픈 마음에 눈물을 흘리며 흐느낀다.

속내를 보이기 싫은 잎은 수줍은 듯 몸태를 기울고 호방한 잎은 너털웃음에 힘차게 세상을 뒤흔든다.

이 모습은 여름 담쟁이다.

여름 담쟁이는 부러울 것이 없다.

힘차게 자랄 수 있는 물이 넉넉하고 강렬한 태양은 담쟁이 잎을 짙푸르게 만드니 담쟁이 넝쿨은 무서울 것 없이 맹렬히 뻗어 간다.

세찬 장맛비에도 몸 한 번 툴툴 털면 빗물이 산뜻하게 떨어져 더더욱 깔끔해지고 폭풍우가 몰아쳐도 서너 번 허리를 기울었다 일으키면 거뜬하다.

여름 담쟁이는 담쟁이의 절정기이다.

찬서리가 내리는 어느 날 검푸르던 담쟁이 잎이 어느 순간 붉은 단엽丹葉으로 변했다.

다소곳이 숙인 붉은 담쟁이 잎은 지난날을 회상하며 꿈의 잔치를 하고 잔바람에 맥없이 떨어지는 잎은 아름다웠던 세월의 날개를 너울너울 춤추며 마지막을 완성한다.

마지막 잎새를 연상케 하는 가을 담쟁이의 잎은 마음의 허전함을 나타내기 보다는 애틋한 사랑의 안타까움을 이겨내는 힘의 상징이다.

지난날의 슬픔 아픔 기쁨 즐거움 오해 싸움 고요 행복을 씻어버리고 스스로 떨어져 망각의 세계로 들어가 버린 가을 담쟁이 너는 참 좋겠다.

잊으려 해도 잊혀지지 않는 인간사가 밉다.

돌담 사이로 찬바람이 세차다.

검게 타버린 담쟁이 손이 차디찬 돌담을 움켜쥐고 있다.

손이 많이 시리겠다.

지난날에는 무성한 잎이 바람도 막아주고 따스한 햇살이 돌담을 따뜻하게 데워주고 나비와 잠자리가 놀러와 심심하지 않아서 좋았었는데…….

함박눈이 내린다.

건너편 산허리의 소나무에 함박눈이 흩뿌리고 있다.

그것을 떼어내 화선지에 옮기면 동양화다.

돌담에 함박눈이 소복이 쌓이고 삽살개 두 마리가 함박눈을 좇아 천방지축으로 뒹구는 모습을 떼어내 화선지에 옮기면 이 또한 동양화다.

담쟁이 넝쿨과 손에 함박눈이 내려와 소담하다.

이것도 동양화일까?

담쟁이 손은 넝쿨에서 나온 잔뿌리란다.

이 잔뿌리가 가파른 돌담이나 벽에 붙어 담쟁이 전체를 지탱하고 거침없이 세상을 뻗어간다.

담쟁이의 손은 담쟁이의 모두이고 하나이다.

또 생의 기본이다.

아무리 돌담이 춥고 시리고 매서워도 담쟁이 손은 이를 놓지 못하고 소복이 쌓인 눈이 녹아 얼어도 돌담에서 손을 뗄

수가 없다.

겨울 담쟁이는 힘겹고 고통스러워도 참아야 하고 살을 에는 매서운 추위도 이겨야 한다.

그래서 담쟁이 손에는 강력한 끈기와 용기가 있다.

매섭고 추운 세월과 삶 뒤에는 따뜻한 바람이 불어오는 법, 담쟁이 손에도 희망이 있다.

담쟁이 손 밑에 있는 움을 보아라.

지난날의 영화를 숨기고 있는 싹이 있지 않은가!

지금 겨울 담쟁이는 버티기 힘든 가파른 돌담에 붙어 모진 바람과 추위에 언 손을 내놓고 있으나 이는 찬란한 내일을 위함이니라.

참 아름답다.

그 날

그날은 정해진 날이다.

학교 처음 가는 날, 소풍 가는 날, 시집 장가가는 날, 예배당 가는 날, 팥죽 먹는 날, 고희 잔칫날, 삼일절, 광복절, 개천절, 애인 만나는 날, 손자 손녀 백일 날…….

정해진 날은 설레고 들뜨고 흥분되는 날이다. 밤잠을 자지 못하고 기다려지고 고대하는 날이다. 기쁨과 즐거움을 주는 날이다. 특히 소풍 가는 날이나 애인 만나는 날은 더더욱 그러하다.

그날은 슬픈 날이다.

부모님 돌아가신 날. 어린 딸을 잃은 날, 낙방한 날, 실연을 맛본 날, 회사 부도가 난 날, 무언지 모르게 공연히 눈물 나는 날…….

이런 날이 없었으면 좋겠다. 정해진 날이 계속 되었으면 좋겠다. 그러나 피하려 하고 잊으려 해도 자꾸만 생각나고 떠오르는 날이다.

그날은 잉태와 생산을 상징하는 날이다.

보통 그날을 손님 왔다고 한다. 즉 여성의 경도와 월경의 날이다. 이는 자손을 번식시키고 잉태를 나타내는 증표다. 그날 즉 손님이 없든가 고장이 나면 자손의 생산은 이루어지지 않고 희망을 잃게 된다. 그래서 그날이 중요하고 꼭 있어야만 하는 날이다.

그날은 정년이 없다.

대체로 그날이라 하면 정해진 날짜와 한정된 기간을 나타내는 경우가 많다. 시작하는 날이 있으면 끝나는 날이 있다. 공무원 생활이 그렇고 직장 생활이 그렇고 학교 생활이 그렇고 인생사가 그렇다.

그런데 정년이 없는 것이 있다. 봉사다. 봉사에는 계급도 없고 나이도 없고 품위도 없고 정년도 없다.

날짜를 정해 놓고 봉사를 하는 경우는 없다. 봉사는 영원하다.

그날! 그날은 인생의 마지막 날이다.

사람이 태어나 죽음을 깨닫고 생각하고 느끼며 사는 사람이 얼마나 될까? 대개는 지금 살아가는 순간순간 때문에 나의 죽음을 잊고 지낸다. 나의 마지막 날이 내일일까? 모래일까? 백년 후일까? 전혀 마음에 두지 않고 지낸다. 아마 의식적으로 피하는지도 모른다. 또는 두려워하는지도 모른다. 남의 일로 치부하는지도 모른다.

그러나 그날은 온다.

어느 누구에게도 그날만은 비켜가지 않는다. 필연적으로 오는 날이지만 우리는 그날을 너무 무심히 생각하고 아무것도 아닌 양 준비하지 않고 태연히 지낸다. 종교적으로 준비하라는 말이 아니다.

어떻게 하면 남에게 도움을 주고 기쁘게 하여 나 또한 더불어 즐겁고 행복해질 수 있는지를 준비하다 보면 나의 마지막 그날도 언젠가는 스스로 만족해지지 않겠는가?

지금까지 살아온 나의 25,550일 가운데 만족스러운 날이 얼마나 될까? 또 나의 마지막 날에 몇 점의 준비된 날들이 있었겠는가?

나쁜 갈등

얼마 전 자동차를 바꾸었다. 누구나 새 차에는 애착이 가고 신경을 쓰게 마련이다.

그런데 조심을 하고 주의를 기울이면 기울일수록 여기저기 부딪치고 까지고 터진다. 희한한 일이다.

아마도 새 차에 대한 적응이 안 된 탓이리라. 예전 차에 익숙하다 보니 새 차는 서툴고 부자연스러운 게 사실이다.

나도 3일이 안 돼 앞 범퍼가 주차장 기둥에 걸려 찢겨 나가 80만 원의 수리비가 들었다. 나의 부주의이지만 얼마나 화가 나고 아까운지 모르겠다.

밥맛이 없을 정도이다. 물론 언젠가는 스치고 박고 부딪치고 깨져서 중고차가 되게 마련이지만 처음 몇 달은 새 차에 대한 관심이 애지중지해 작은 흠집이라도 용서를 못하고 끙끙 앓게 된다.

그날은 비가 오는 날이었다. 오래 가물다가 오는 비라 모두가 반기는 비다.

급한 볼일이 있어 작은 시장통을 초저녁에 지나게 되었다.

비가 추적추적 오는데 좁은 골목통 앞에 SUV 차 한 대가 마주 오고 있다. 비 때문에 후진하기도 시야가 나쁘고 옆으로 피하자니 피할 간격이 비좁다. 차 운전을 하루 이틀 한 처지도 아니니 공연한 자존심과 과욕을 부려 옆으로 약간 피하면서 앞차가 지나가게 자리를 마련하려 했다.

이게 잘못된 계산이고 주제넘은 착각이었다.

나는 충분한 거리와 유격이 있다고 생각하고 옆으로 피했는데 그게 아니었다.

나의 차 백미러가 옆에 서 있는 오토바이를 스치게 되었다. 오토바이는 힘없이 옆으로 넘어지면서 또 다른 오토바이를 치고 넘어갔다.

창문을 여니 비가 세차게 들이친다. 밖을 내다보기도 어렵다.

밖을 내다보려니 옆에 지나가는 사람이 "그냥 가세요. 별일도 아닌데요."

"그냥 가도 되겠죠?" 낯 모르는 사람에게 응원을 구했다.

내 차가 얼마나 상했는지 문제가 아니다. 다만 접촉 사고에 대한 두려움에서 빨리 헤어나고 싶을 뿐이다.

낯 모르는 사람의 응원에 힘입어 난 힘 있게 그 자리를 빠져 나올 수 있었고 안도의 한숨을 쉬게 되었다.

집에 도착했다. 아니 이건 뺑소니가 아닌가? 누군가가 나의 차 번호를 알아서 신고를 하면 나는 꼼짝없이 뺑소니차인 것이다.

아무리 오토바이의 파손이 미약하다 하더라도 사고 당시 상대방에게 사고 사실을 알리고 사후 대책을 마련하지 않았다면 이는 분명히 뺑소니인 것이다.

잠이 오지 않았다.

비가 오고 늦은 밤에 누가 신경 써서 남의 차 번호를 관심 있게 보았겠으며 설사 보았다 하더라도 무슨 좋은 일이라고 신고를 하고 남의 일에 콩이야 팥이야 끼어들 일이 있겠는가?

한결 마음이 휘둘러 싸잡힌다.

아니지! 요새 사람들은 영악하고 알뜰해서 남의 부당한 행동에 절대로 참지 못하고 어영부영 지나는 일이 없지. 나도 어느 때 저런 일이 나에게 생기지 말라는 법이 없지 않은가? 내가 챙길 수 있는 것은 꼭 챙기고 손해를 보지 말아야 해.

주위에 여러 사람들이 있었으니 누군가가 분명히 나의 차 번호를 보았겠지? 머리털이 송송해진다. 또 잠이 저 멀리 사라진다.

맘의 갈등은 또 다른 갈등을 낳고 새끼에 새끼를 쳐 한밤을 날밤으로 새웠다.

결국 갈등의 끝은 아무 일 없었던 것처럼 그냥 소리 없이 지나가는 나쁜 갈등으로 결론이 났다.

그러나 암만 너그럽게 생각을 해 봐도 뺑소니는 분명한데, 뺑소니 아닌 것처럼 머릿속에서 지워 버리자는 거는 분명 나쁜 갈등이 분명하다.

아무리 나쁜 갈등을 옳다고 우기고 겨뤄 봐도 사람은 사람인지라 나쁜 갈등이 좋은 갈등으로 바뀔 수는 없는 일이다.

아침 새벽에 접촉사고 났던 골목을 찾아 갔다. 새벽이라 사람들도 없고 사고 난 오토바이도 없다. 마음이 시원하다. 그냥 지나도 되겠구나! 나쁜 갈등의 승리다.

내가 이긴 것처럼 누구도 안 만나고 곧장 병원으로 가 환자를 봤다.

진료하는 손이 제멋대로 논다. 글씨도 삐뚤빼뚤 하다. 에이! 아침에 누구라도 만날 걸 그랬나?

진료를 어떻게 마쳤는지 모른다. 곧 그 골목길을 찾았다.

골목길은 또 다시 분주하고 떠들썩하다. 사람 사는 냄새가 난다.

"아마, 이 집이었지?"

"죄송합니다. 어제 저녁 이 곳에서 오토바이 접촉 사고가 났었는데 그 오토바이 주인 좀 만날 수 있을까요?"

"우리 가게와 오토바이는 아무 관계가 없어요. 오토바이는 오토바이 배달 회사가 따로 있어서 그곳에서 관리를 해요"

"그래도 만날 수 없을까요?"

"오토바이 배달하는 사람들이 엄청 많아서 누가 누군지 몰라요"

"제가 00치과를 하거든요. 명함을 놓고 갈 테니 혹시 연락이 되거나 오토바이 주인이 나타나면 연락을 해 주세요."

"네, 연락이 되면 알려 드릴게요. 그렇다고 일부러 찾지는 않을게요."

마음이 후련해지고 나쁜 갈등이 좋은 갈등으로 바뀌는 듯하다.

지금 나쁜 갈등이 좋은 갈등으로 바뀌었다고 뺑소니를 정당화할 생각은 추호도 없다. 난 지금 참회의 심정으로 이 글을 쓴다.

난 네가 좋아

길.

난 네가 좋다.

그 길을 누가 만들었는지 묻지 않겠다.

고양이가 만들었건, 고라니가 만들었건, 뒷짐에 쇠스랑을 든 할아버지가 만들었건 그게 무슨 상관이겠는가?

그냥 길이면 좋다.

넓어도 좋고 좁아도 좋다.

정이 가는 오솔길이면 더욱 좋다.

길.

길이 왜 누군가가 만든 길 뿐이겠는가?

너와 나의 그리움과 애달픔을 이어 주는 마음의 길도 길이요,

아들을 먼저 보낸 아버지의 황망함과 애절한 부자간의 사연의 정情도 지울 수 없는 길이요,

맥없이 터덜터덜 걸어가는 나그네의 발자국도 고달픈 인생길 일 수 있다.

길.

누군가가 같이하지 않는 신작로 너는 참 외롭겠다.

걸어주는 이 없이 넓은 신작로에 무심한 전신주 그림자만 드리우고 있으니 말이다.

그래 신작로든, 비탈길이건, 샛길이건, 고속도로건, 고행길이든 하여간에 길에는 무엇인가가 같이해야 한다.

길.

너는 누구도 마다하지 않고 받아주는 엄마 품인가 보다.

술주정뱅이도 좋고, 고관대작도 좋고, 소달구지도 좋고, 고급 승용차도 좋고, 심지어는 자기 살을 파헤치는 굴삭기마저도 싫어하지 않는구나!

길.

너를 좋아하는 이유를 묻는다면 나는 "없다"라고 말하겠다.

사실 "난 네가 좋아"라고 말을 한다면 그 속에는 너를 좋아하는 이유가 반드시 있다.

예를 들면 "예뻐서", "아름다워서", "귀여워서", "정겨워서", "고상해서" 등등 많다.

그러나 지금 내가 너를 좋아하는 이유는 "없다"이다.

좀 야멸 차다.

길.

나는 너에게서 건강을 보았다.

그렇다면 건강이 길을 좋아하는 이유인가?

그런데도 좋아하는 이유가 없다고 말하니 대체 무슨 소리지?

사실 건강은 길, 나, 걷기 운동이 합쳐져 생긴 것이다.

그러니 길 없이 건강이 있을 수 없다.

그렇다면 "너를 좋아하는 이유가 없다"는 말은 생거짓말이네.

산이 있어 산에 간다고 하듯이 나도 길이 있어 길이 좋다.

길.

제주도의 "올레"가 대박이란다.

사람이 간사하기는, 옛날에도 "올레"가 있었다.

많은 제주도 사람들이 이"올레"를 지치고, 다지고 걸었다.

그런데 어느 날 갑자기 "올레"가 온 국민의 건강 상표가 됐다.

그러다 보니 "올레"가 "올레"가 아니다.

"올레"가 제주도 특허 상품 같다.

그냥 두어라.

길.

제천 박달제의 보부상 길은 어떠한가.

종로의 가막골 뒷길은 어떠한가.

인왕산 위 성곽 길은 어떠한가.

정동진 동해 바다 모래밭 길은 어떠한가.

맞아. 북촌 골목길은 어떠한가.

한강 둔치 길은 어떠한가.

"올레"가 꼭 제주도에만 있어야 하는 이유는 없지 않은가?

길.

"엘 카미노 데 산티아고"를 아시나요?

즉 "산티아고 가는 길"을 아시나요?

이 길은 성경에 나오는 12사도 중 첫 번째 순교자인 야고보

의 유해가 있는 “별의 들판”이라는 “산티아고 데 콤푸스텔라” 대성당으로 가는 인생 순례길이다.

산티아고(성 야고보라는 스페인 말) 가는 순례길.

유럽 각지에서 100Km 내지 800Km를 걸어 스페인 서북쪽

“별의 들판” 대성당을 향하는 길은 낭만의 길이요,

고행의 길이요, 참회의 길이요, 고뇌의 길이요,

환희의 길이요, 눈물의 길이다.

한번 걸어 보고 싶다.

길.

티베트 라싸의 죠캉사원으로 향하는 오체투지의 길.

벌써 두 달째다.

고원홍[1]이 거칠다.

특유의 오체투지 걸음걸이인 “차체”는 아직 흐트러지지 않았다.

마음은 공공적적空空寂寂하다.

놀랍게도 이 오체투지의 길을 7세 어린 아이가 간단다.

---

1 (주) 고원홍: 직사광선이 강렬한 고원지대에서 생활하면 저절로 얼굴의 광대뼈나 콧등이 다른 부위보다 더 붉게 탄 모습.

무엇이 이런 힘을 주었을까?

길. 참 너는 위대하다.

길.

실크로드 즉 비단길.

비단과 호박이 지나갔고, 낙타가 지나갔고, 향로와 도자기가 넘어갔고, 피부 색깔이 다른 사람들이 지나갔고, 너와 내가 모르는 문화가 지나간 자리.

말은 보드랍고 따듯한 비단길이나 사실은 거칠고 황량한 사막 길이다.

어떻게 그런 곳에 찬란한 문화의 꽃이 피었을 가?

사람의 힘이었을 가, 길의 조화였을 가?

길.

길도 길도 참 많다.

지나온 인생길을 더듬어 보니 순탄했던 길은 아닌 성싶다.

그러나 어려웠으면 어떠하고, 힘들었으면 어떠한가.

싫든 좋든 걸어야만 했던 길이 아니겠는가.

꾸역꾸역 걸어온 길을 미워한들 무엇하며, 싫어한들 무슨 소용이 있겠는 가.

단지 지나온 길이 아스라할 뿐이다.

길.

오솔길, 새벽길, 밤길, 쉬운 길, 큰 길, 벼랑 길,
순례길, 골목길, 사막 길, 비단길, 올레 길…….
길, 길, 길 모두 정감이 가는 길이다.
그러니 너를 좋아하지 않고 어쩌겠는 가.
많은 길 중에 내가 좋아하는 길은 황혼 길이다.
모든 것을 지나쳐 온 온전한 길,
빛나는 듯 빛나지 않는 붉은 단호박 같은 길,
주름진 얼굴에 미소를 머금은 순박한 길.
난 네가 좋아!

내 나이

편지 한 장을 받았다.

분명 나에게 보낸 편지는 맞는데 보낸 사람이 누군지 통 알 수가 없다.

"김중현, 김중석이가 누구지?"

편지 내용을 보니 "삼가 아뢰옵니다. 저희를 낳아주시고 가없는 사랑으로 길러주신 아버님 (김 청字 환字)의 고희를 맞아 어머님 (최 경자 애자)을 모시고 저희들이 작은 정성을 모아 축하의 자리를 마련했습니다.

오늘날까지 저희 부모님과 두터운 정을 키워 오신 어르신들과 친척 분들을 모시고자 하오니 기쁨을 나눠주시면 감사하겠습니다."

아하! 청환이 형 고희연 초청장이구나.

중현이와 중석이가 청환이 형 아들들이구나.

지금까지 무심히 지냈으니 청환이 형 아들 이름을 알 턱이 있겠는가?

벌써 청환이 형이 고희네! 일흔 살이라는 거 아니어?

그렇지, 청환이 형이 나보다 다섯 살 많으니 고희가 맞기는 맞네, 그러고 보니 내 나이도 예순 다섯 살이네.

허참, 앞으로 오년만 지나면 나도 고희네.

청환이 형 고희연 초청장을 앞에 놓고 지난날의 내 나이를 돌이켜 본다.

이유는 모르겠으나 스물여덟 살까지 난 늘 이랬다.

“언제 난 사오십을 지나 환갑이 되지?”

“왜 사람들은 나를 마냥 애 취급을 하는지 모르겠어?”

“나이 스물여덟이면 어른인데 말이야!”

정말로 나이가 들지 않았다.

항상 어린애처럼 지냈다.

나도 그랬고 다른 사람들도 그랬다.

그러던 어느 날 처음으로 "아저씨" 라는 말을 들었다.

“아저씨 구두 닦아요!”

그날 이후 어설프기는 해도 난 “아저씨”가 됐다.

“아저씨”라는 말을 들은 후 언제 예순이 됐는지 모르겠다.

예순 살까지 무엇에 홀린 듯 쏜살같이 달려왔다.

이제는 머리도 하얘 졌고 주름살도 생겼다.

예순 살까지 난 무엇을 했는지 모르겠다.

난 지금도 예순 살이라는 사실조차도 알지 못하고 "아저씨"로만 지냈네!

어느 날 지하철을 타고 가다 내가 예순이 넘었다는 것을 알았다.

어떤 청년이 자리에서 벌떡 일어나며

"여기 앉으시지요?"

허참! 이젠 내 나이도 자리를 양보 받는 나이가 되었네!

이런 일이 싫어 경로석을 피해 왔는데.

결국 자리를 양보 받고 마네 그려.

지금 청환이 형의 마음은 어떨까? 기쁠까, 애잔할까?

아마 나도 고희가 되면 마음 한 구석이 헛헛하지 않을까?

아니면 자식들의 대견함에 지긋이 미소를 지을까?

사람의 나이와 나이의 사람이 같았으면 좋겠다.

나이에 따라 후회나 기쁨이 변하지 않았으면 좋겠다.

눈을 감고 잠시 무념에 잠기는데, 나의 또 다른 후배가 "형님! 고희를 축하해요!" 라고 말하는 듯하다.

내복內服

나이가 들어 글을 쓰면 대개 지난날을 회상하는 글을 많이 쓰게 된다.

고생을 많이 했다느니, 잘 살았다느니, 기뻤다느니, 행복했다느니 등등 곱씹을 일들을 되짚어 보면서 글을 쓰는 경우가 많다.

내 속내는 이런 정형화된 글을 쓰고 싶지 않다.

그러나 내복 하면 '빨간 내복'의 추억을 떨칠 수가 없다.

아마도 또다시 회상과 추억의 글로 빠질 것 같다.

내복은 우리네 입성이 아니고 유럽 사람들의 의류로 생각되나 사실은 삼국시대부터 입었던 속옷이란다.

내복은 유럽 지역 외에 중동이나 아프리카에서도 입는다.

추운 고구려에서는 동물의 가죽으로 내복을 만들어 입었고, 조선 시대 부유한 양반들은 솜옷으로 내의를 만들었고, 가난한 양반이나 상민들은 개가죽으로 내복을 만들었다고 한다.

중동 지방 사람들은 기능성 내복보다는 다발로 된 흰색 면 내복을 선호한단다.

그 이유는 물이 귀해 매일 세탁을 할 수가 없어 그냥 10일 정도 입다가 벗어 버리기 때문이란다.

참 편리해 보인다.

아프리카에서는 내복이 필요 없어 보이나 심한 일교차 때문에 긴 내복이 중요 하단다. 아마도 아프리카에서는 중동처럼 한번 입고 버리지는 않겠지?

요새 내복이 과학이다.

발열 내복을 보자.

두꺼운 면 내복보다 가벼운 폴리에스테르, 레이온, 폴리우레탄 같은 합성 원단에 몸에서 나오는 미세한 수분을 흡수해 발열하는 기능을 가진 보온성 내복은 예전엔 생각지도 못한 새로운 작품이다.

수분과 어떤 반응으로 발열이 되는지 궁금하다.

친환경 내복을 보자.

진주로 가공한 내복은 건조한 피부에 보습 효과를 주고 자외선 차단, 정전기 발생 억제 기능을 가진단다.

녹차 향을 가미한 내복은 원적외선 방출로 항균, 방취 기능이 있고, 해조류를 가공한 시셀 섬유나 숯과 폴리에스테르가 합성된 코지론 원단은 항균, 탈취, 원적외선 방사 효과가 있단다.

이 모두가 과학이 아니고서는 되지를 않는 것들이다.

디자인이 내복을 바꾸었다.

우선 색상이 화려해졌다.

꽃무늬, 피부색, 크림색, 핑크색 등 연령대에 따라 색상이 다양하다.

스타일의 고정 관념을 파괴했다.

브이넥, 라운드넥, 레깅스, 스판, 캐미솔, 긴소매, 반소매, 타이츠, 목 폴라 등은 겉옷과 속옷의 경계를 모호하게 해 과거 두툼한 면 내복을 잊어버리게 했다.

등산, 스키, 사이클링 등 레포츠의 발달은 통풍성, 항균 기능, 신축성, 보온성을 가미한 바디핏 제품을 탄생시켰다.

내복 하면 내복의 역사나 기능을 떠오르기에 앞서 빨간 내복의 여린 맛이 가까이 다가오는 이유는 빨간 내복이 우리 내면의 세계를 자꾸 지난날의 따스함으로 뒷걸음질 치게 하기 때문이다.

빨간 내복은 행운, 효를 대표한다.

첫 월급의 선물이 빨간 내복이었다.

이게 우리네 어버이들의 가장 큰 기쁨이고 자랑이었다.

이보다 더한 마음 씀씀이가 어디 있겠는가?

나도 첫 월급으로 울 엄마에게 빨간 내복을 선물했고 내 자식도 나에게 같은 선물을 했다.

누가 가르쳐 주고 알려줘서 한 선물이 아니다.

그냥 했다. 그리고 이게 효孝다.

난 울 엄마의 빨간 내복을 잊지 못한다.

왜 울 엄마가 빨간 내복을 입고 그 추운 새벽에 정성을 드리고 있었을까?

아마도 이 못난 자식의 대학 입학을 기원했나 보다.

그땐 울 엄마의 빨간 내복과 새벽 정성이 얼마나 무섭고 두려웠는지 모른다.

특히 엄마의 어둠 속 빨간 내복은 괴기스럽고 유령과 같았다.

결국 빨간 내복은 나에게 갈등과 부담을 가져다 줬다.

만약 대학 입시에 불합격을 하면 이는 필시 울 엄마의 빨간 내복 때문이리라.

점점 빨간 내복이 미워지고 혐오스러워져, 마침내는 불미스러운 일이 일어날 것만 같다.

엄마의 빨간 내복과 정성 때문인지 모르나 입시에 합격을 했다.

그때는 몰랐다.

빼어나고 출중한 나의 실력 때문이라 믿었다. 그리고 30년이 지났다.

울 엄마도 세상을 떠났다.

우리 아이도 대학을 간단다.

울 엄마의 빨간 내복이 생각난다.

그렇게 밉고 거추장스럽던 빨간 내복이 우리 아이가 대학을 간다니까 왜 새로워지고 마음이 뭉클해지는가?

팔공산 무슨 절로 기도를 가는 집사람에게 이유 없이 한마디 한다.

“빨간 내복을 입고 가지 그래요”

울 엄마의 빨간 내복의 행운이 나를 지나 우리 아이에게도 깃들 것만 같다.

왜 그때 울 엄마의 새벽정성이 그렇게 싫었을까?

빨간 내복의 행운을 왜 모르고 지나쳤을까?

어허, 또 과거에 얽매였군!

새롭고 활기찬 내용을 찾고 싶었는데…….

그래도 ‘빨간 내복’은 꼭 한 가지 회상과 추억만을 주지 않았다.

이런 시를 적어본다.

어제 어제도
빨간 내복은
울 엄마에게 행운을 주었지

오늘 오늘도
빨간 내복은
나에게 행운을 안겼지

앞으로 앞으로도
빨간 내복은
우리 아이에게 행운을 주겠지!

도장印

도장圖章은 인장印章의 속칭이다. 도장은 도장 그 자체로의 의미가 있고 행사로의 의미가 있다.

먼저 도장 그 자체로의 의미를 살펴보면 서書, 화畵, 각刻의 시정詩情이 깃들어 있다. 또 도장의 재료로 보면 금, 은, 동, 철로 된 금속 재료, 비취, 청금석, 호안석, 설화석, 벽옥, 수정 등 반귀석 재료, 회양목, 대추목, 박달목 등 식물 재료, 상아, 산호, 뿔 등 동물 재료 등 도장 그 자체로 도장을 가진 사람의 계급과 신분을 상징한다.

다음은 행사로의 의미를 살펴보자. 인印은 "누르다" "찍다" 라는 뜻이다. 자신의 마음과 뜻을 확인하는 행위이다. 또한 도장을 찍는 행위는 찍힌 도장이 도장을 찍은 자신의 분신이며 자신을 상징한다. 도장의 행사로 인해 모든 일이 끝이 되기도 하고 동시에 시작이 되기도 한다. 인印 하나로 흥하고 망하기도 한다.

"눌러 찍다"라는 뜻의 엽厭에 대해 분류해 보면 황제가 사용한 새璽 즉 옥새玉璽가 있고, 황후 제후의 명을 받아 정사를 공명정대하게 집행하는 관인官印이 있고, 그리고 그 밑의 관리들이 정무를 봄에 화음의 조율을 뜻하는 인장印章이 있고, 평민이 쓰는 사인私印이 있다. 이와 같이 도장은 사용하는 사람의 신분을 나타내고, 크게는 국사國事를 결정짓는 도구이고 작게는 개인의 마음을 나타내는 기구이다.

도장에는 길흉화복이 깃들여 있어 도장을 가진 자의 미래가 도장에서 나온다고 말하기도 한다. 즉 도장의 재료에 따라, 서체書體에 따라, 문양紋樣에 따라 오행이 달라져 오행상생, 오행상극이 발생하여 개인의 길흉화복이 달라질 수 있다고 한다.

정말로 도장이 사람의 앞날을 좌우하는 신표信標일까?

사실 큰 대상大商이 자신의 도장을 잘못 파거나 별난 재료를 써서 일을 망치고 패가망신을 당했다는 말을 많이 듣는다. 대개 이런 사람들의 도장을 보면 도장의 크기이며, 재질이며, 모양이며, 서체 및 문양이 대단해서 보통사람들은 만져보지도 못할 정도의 물건이다. 이런 도장이라면 아무리 오행설에 어긋나고 서체가 다소 잘못됐다 해도 도장이 지니는 힘과 기氣 때문에 망하고 패가망신까지야 하겠는가? 그런데도 그런 일이 일어나는 것을 보면 패가망신이 꼭 도장에만 있다고 볼 수 없는 것 같다.

이런 대상大商도 보았다. 무슨 나무뿌리인지 모르나 보잘것없는 목도장에 얼마나 오래됐는지 꼬질꼬질하게 때가 덕지덕지 묻어있다. 목도장 위에는 구멍을 파 누가 훔쳐 갈까 무서워 철사 줄로 꽉 묶어 놨다. 누가 그런 막도장을 훔쳐가겠는가? 그런데도 이 대상은 그 막도장을 신줏단지 모시듯 아끼고 보살폈다. 왜 그랬을까? 아마도 그 막도장에 신통력이 있어서 일 거다. 또 사업도 번창했기 때문이리라. 아무튼 무의미한 막도장이라면 그렇게 했겠는가?

앞서 말한 별난 도장과 이번의 막도장과 무슨 차이가 있어서 한 사람은 망하고 다른 사람은 흥했을까? 흥하고 망하는 것이 도장의 재질이나 서체의 모양에 따른다면 처음의 대상이 흥해야 마땅하다. 그런데도 정반대이다.

기축년己丑年 원단元旦에 뜬금없이 도장의 의미가 어떻고 대상의 흥망이 어떻고 말을 하는 이유는 우리가 쉽게 지나치기 쉬운 도장에 대해 새로운 생각과 뜻으로 새 한 해에 조심과 의욕을 다시 한 번 일깨워 보자는 뜻이다.

우리가 잘 되고 못 되는 것은 도장의 재질이나 서체에 있는 것이 아니라 그 도장을 어떻게 쓰느냐에 달려 있다. 아무리 좋은 재질에 멋진 서체의 도장을 가지고 있다 하더라도 여기저기 흥청망청 쓰면서 눌러 찍고 다니면 끝없이 좋은 오행상생이라 할지라도 도장의 기氣와 역力이 다하고 쇠衰하고 말 거다!

한 푼의 돈도 아끼고 남을 위해 쓰면 도장의 재질이 금이면 어떻고 옥이면 어떻고 나무면 어떻겠는가? 쓰이는 자리가 중요하고 모습이 아름다워야 할 것이다. 찍을 자리에 꼭 찍고 쓸 곳에 꼭 쓰는 도장이어야 보잘것없는 막도장이라도 옥새玉璽가 부럽지 않은 도장이 될 것이다.

우리 모두 다시 한 번 도장의 쓰임에 대해 남과 같이 하고, 남을 생각하는 도장을 마음속에 가지고 목도장이든 옥도장이든 그 도장에 만족하는 당신과 내가 되었으면 좋겠다.

모퉁이

사연이 있다.

대동아전쟁의 소용돌이 속에 사지로 보내는 어머니의 눈물 젖은 옷소매의 슬픔, 무슨 죄인지도 모르고 끌려가는 남정네의 고통, 지금 가면 언제 올지 모르는 아낙네의 하염없는 이별, 포화 속에 생사의 갈림길이 된 데, 이념의 상극으로 서로 손을 놓아야 했던 상충, 이 모든 것은 우리의 것으로 있어야 하는 곳에 망국과 전쟁의 질곡이 있었다.

삶이 있다.

물지게를 지고 돌아오는 고샅머리, 엿장수가 흥겹게 가위질을 하는 명당자리, 고적한 밤 고개 못 들고 두 손만 비비는 아녀자의 수줍음이 깃든 데가 바로 여기다. 제기차기, 말뚝박기, 팔방놀이, 구슬치기, 자치기, 땅따먹기, 고무줄놀이, 비석치기, 연 날리기, 소꿉장난하는 아이들의 놀이터도 여기다.

두부장수가 종을 딸랑딸랑 치며 "두부 사세요! 비지 팔아요!"

고물장수 아저씨가 "헌 시계나 라디오 삽니다. 채권 삽니다. 고물 팔아요!"

세월에 찌든 아낙이 "새우젓 사세요! 어리 굴젓 있어요! 황새기 젓 있어요!" 라고 처음 외치는 데가 바로 여기다.

두 선線과 면面이다.

지평선 저 멀리 두 선이 만나니 정겨움이 더하다. 행여 그곳에 미루나무가 서 있고 간혹 선을 따라 무심한 소가 질긴 달구지를 끌고 가는 양이면 이보다 더 좋은 평화로운 풍경이 어디 있겠는가?

구멍이 숭숭 뚫린 담이어도 좋다. 붉은 진흙 담이 검게 바랬어도 좋다. 하여간에 두 담이 서로 만나 어깨를 같이하고 거기에 담쟁이 넝쿨이나 탱자나무가 곁들이면 더욱 좋다.

두 선과 면이 만나 하나가 되고, 서로를 엮어 새로운 모양을 만드는구나! 이 모퉁이에서 많은 사연이 태어나고 삶의 꿈이 이루어지는구나!

우리는 서로 다른 선과 면이 한 모퉁이에서 만나 즐겁고 평화로운 꿈을 지금의 이 때로 만들자.

박쥐

아파트 현관을 나서니 찬바람이 옷 속으로 되알지게 스며든다.

어젯밤 텔레비전 뉴스에서 오늘이 올들어 가장 추운 날이 될 거라는 예보대로 제법 찬 기운이 낯을 비빈다.

이렇게 추울 줄 알았으면 지하 1층 주차장에 차를 둘 걸 하고 후회를 하면서 아파트 중앙 광장을 지난다.

이 시간이 유아원과 유치원 아이들이 등교하는 시간인가 보다. 노란 차 두어 대가 중앙 광장에 서서 자기네 아이들을 태우려고 붕붕붕 매연을 뿜고 있다.

두툼한 옷으로 무장한 꼬마 아이들이 자기 차를 찾느라 이리 뛰고 저리 뛰며 한바탕 소란이다. 그 모습이 아름답고 생기발랄하다.

아이들의 재잘거림에 속으로 무심히 미소를 띠우며 검은 아스팔트길을 따라 지하 2층 주차장으로 향했다.

검은 아스팔트 길을 따라 걷던 난 소스라치게 놀라 가던 걸음을 멈추었다. 손바닥보다 작은 박쥐 한 마리가 차가운 아스팔트 바닥에 배를 깔고 다가오는 나를 보고 붉은 입을 짝 벌리고 대거리를 하고 있지 않은가. 왜 저러지? 아이고, 불쌍해라. 무엇을 원하고 있는 건가? 아니면 가까이 오는 나를 위협하는 건가? 하여간 자세한 뜻은 모르나 지금의 상태가 매우 힘들고 고달파 보인다.

박쥐를 보는 순간 흡혈박쥐의 모습이 불현듯 떠올랐다. 예리한 이빨로 돼지나 송아지의 귀뿌리를 V자로 생채기 내 피를 핥다 먹는 흡혈박쥐 말이다. 붉은 피를 먹는 박쥐 모습 때문에 왠지 박쥐하면 감정이 좋지 않다. 또 중앙 광장의 순진한 꼬마 아이들과 음습陰濕한 흡혈박쥐를 오버랩 하니 더더욱 박쥐에 대한 이미지가 용천맞다. 행여 이 박쥐가 꼬마 녀석들에게 해코지를 하지 않았나 하는 의구심이 들었다.

다시 한 번 허리 굽혀 박쥐를 보려 하니 이번에도 맹렬하게 입을 크게 벌려 저항을 한다. 저 저항의 뜻이 무엇일까? 어둠 속 하늘을 자유자재로 날아다니는 박쥐가 왜 차가운 아스팔트 바닥에 배를 깔고 아무 상관없는 나를 향해 저항을 할까? 날아갈 조고만 힘만 있으면 후루룩 날아가면 그만일 텐데…….

아하! 어딘가 부상을 당했거나 기진맥진해 날아갈 힘이 없는 거다. 입을 크게 벌리는 것은 저항이 아니라 도움을 청하는 신호일지도 모르겠다. 힘겨워하는 모습이 애처롭고 안쓰럽고 측은해 보인다. 차가운 길바닥이 아닌 옆 화단으로 옮겨주고 싶다. 그냥 두면 노란 유치원 차나 지나가는 승용차에 깔려 죽을지도 모른다.

가엾은 생각에 박쥐를 옆 화단으로 옮기려는 순간, 박쥐로 향하던 내 손이 순간 멈추었다. 박쥐 동굴의 구아노 때문이다. 박쥐의 배설물 구아노! 좋은 비료라는 말도 있지만 온갖 병원균이 득시글거리는 세균 덩어리 아닌가? 또 박쥐는 광견병도 옮긴단다. 밤하늘을 찍찍 소리 내며 떼를 지어 날아다니는 박쥐 모양새도 괴기스럽고 혐오스럽다.

차가운 아스팔트에 배를 깔고 있는 박쥐가 불쌍하고 위험해 보이나 박쥐를 집어 화단 옆으로 옮기기에는 나의 손이 허락하지 않고 용기도 나지 않았다. 오히려 순간적으로 멈추어 준, 손이 얼마나 감사한지! 행여 손에 광견병 균이라도 묻었으면 어떠했겠는가? 또 손에 생채기라도 내, 피라도 났으면 얼마나 두렵고 고통스러웠겠는가? 멈추어 준 손이 얼마나 고맙고 대견한지!

허리를 펴고 주위를 둘러보니 노란 유치원차도 이미 다 떠난 뒤다. 유치원 차도 없고 주위에 승용차도 없으니 박쥐에 대한 위험도 없어진 듯하다. 이젠 손을 멈춘 변명도 되었으니, 후련한 마음으로 자리를 떠나도 되겠구나!

내가 아니어도 다른 사람이 불쌍한 박쥐를 보고 구해주겠지 뭐! 작은 집게라도 있었으면 박쥐를 화단 옆으로 옮겼지! 그냥 갔겠어? 아무리 출근이 바쁘더라도 말이야. 그냥 박쥐를 놔두고 간 것은 내 원래 모습이 매정해서가 아니라 사정이 이러저러했다는 거다. 그런데 왜 자꾸 내 행동에 쓸데없는 변명을 늘어놓는지 모르겠네?

출근을 해 진료를 하는데 자꾸만 출근길에서 만난 박쥐의 모습이 생각 나, 진료가 잘되지 않는다.

선한 눈망울이며, 격렬하게 저항하며 크게 벌린 붉은 입이며, 온갖 힘을 다해 그 자리를 벗어나려고 애쓰는 검은 날개며, 허우적거리며 허공을 휘젓는 앞발과 뒤뚱거리며 균형을 잡으려는 뒷다리의 힘겨운 모습 등등이 계속 나의 뇌리를 사로잡고 있다.

스잔한 마음을 달래는데 별 도움은 안 되겠지만 그래도 행여나 하는 마음에 아침 박쥐에 대한 미안한 마음과 대체 박쥐란 동물이 어떤 동물인지 알고픈 욕망이 솔솔 일어나 백과사전을 펼쳐 봤다.

아니, 박쥐의 종류가 이렇게 많단 말인가?

큰 박쥐 종류로 쟈바 큰 박쥐, 인도 큰 박쥐Pteropus giganteus, 오가사와 큰 박쥐P. Pselaphan 등등이 있고, 작은 박쥐 종류로 관박쥐Rhinolophidae, 애기 박쥐Vespertilionidae, 큰 귀 박쥐Molossidae, 긴 가락 박쥐Miniopterus schreibersi, 집박쥐 Fuliginosus, 토끼털 뿔 박쥐, 큰 발 윗수염 박쥐, 멧박쥐, 동양 애기 박쥐, 토끼 박쥐, 흡혈박쥐, 쇠뿔박쥐Murinaurata ussuriensis 등 18종이 넘는다 한다.

그럼 내가 본 박쥐는 어떤 박쥐일까?

크기가 작은 것으로 봐 아마 집박쥐나 멧박쥐가 아닐까 생

각 된다. 박쥐들은 날아다니는 유일한 포유류로써 군집으로 동굴이나 나무 등껄에 모여 산단다. 비엽鼻葉이라는 특수 기관이 있어서 초음파를 일정한 방향으로 집중적으로 보내 곤충 등을 잡아먹는다고 한다.

또 이런 박쥐들은 수천 마리씩 무리를 지어 야간에 모기, 나무좀 등 해충을 잡아먹는 익충益蟲이란다.

이런 좋은 동물을 잘못 알고 병원균이 어떻고 광견병이 어떻고 하며 지레짐작하여 아침에 좁은 소견을 보인 듯하다.

흡혈박쥐는 많은 박쥐들 중에 작은 한 종류이며 흡혈박쥐 역시 그 나름대로 인간에 없어서는 안 될 동물이란다. 또 구아노 역시 군집으로 사는 박쥐들의 배설물이기는 하나 그 자체로 천연의 비료이며 많은 미생물들의 먹이가 되어 자연환경의 큰 순환고리라고 한다.

아침에 본 박쥐는 흡혈박쥐도 아니고 구아노로 뒤범벅인 된 박쥐도 아닌데 공연히 호들갑을 떨면서 좁쌀알 노릇을 했다.

저녁 7시가 넘어 퇴근을 했다. 박쥐의 모습이 궁금하고 꺼림칙해 한달음에 박쥐가 있던 중앙 광장으로 달려갔다. 겨울 저녁의 어둠은 일찍 왔다. 아무런 이상이 없기를 바라며 세세히 박쥐가 있던 곳을 살폈다. 한겨울 저녁어둠과 검은 아스팔트는 모든 것을 뭉개 알아볼 수 없게 했다.

깜깜한 현실이 마음을 차분하게 하고 박쥐를 행복하게 하는 듯해 참 다행이다. 야행성인 아침의 박쥐가 산새나 제비처럼 날아다니지나 않나 하는 막연한 바람에 고개를 들어 하늘을 봤다. 어둡다.

여느 때와 달리 일찍 아파트 문을 나섰다. 잰걸음으로 중앙 광장으로 향했다. 오늘도 역시 꼬마 녀석들이 재잘거리며 발랄하게 뛰어 논다. 죄를 진 것도 아닌데 왜 마음이 급하고 허접하고 날카로워지는지 모르겠다.

난 중앙 광장에서 어제보다도 더 큰 외마디 소리를 지르고 말았다. 이건 아닌 거야! 이래서는 안 되는 거야! 누군가가 책임을 져야 하는 거야! 내가 죄인인가 보다!

이것은 시조새 화석이다! 여러분 압착된 시조새를 보셨습니까? 시조새 화석은 수억 년 전 기상 변화와 지각 변동에 의해 숙명적으로 형성돼, 지금에 와서 인간에게 과학이라는 선물을 주지 않는가!

그런데 오늘의 시조새는 선죽교의 핏자국처럼 선혈을 머금고 형태를 알아볼 수 없게 짓눌린 두개골과 하얗게 압착된 뼈로 된 새로운 시조새이다. 그렇게 만들려고 해도 어려울 거다. 이는 지나가는 승용차에 깔려 생긴 시조새다.

시조새 화석과 사람에 의해 죽임을 당한 압착된 박쥐의 주검은 확실히 다르다. 화석의 주검은 자연 현상에 의해 필연적으로 생을 마감한 것이지만 박쥐의 주검은 자신의 뜻과 달리 외부의 괴물에 의해 죽임을 당한 것이다.

박쥐가 죽임을 당할 때를 생각해 본다.

굉음과 함께 달려오는 타이어 바퀴는 얼마나 무서운 공포였을까? 바퀴가 지나가며 내는 "아작"하는 소리의 고통은 얼마나 참혹했을까? 아무리 순간이라 할지라도 죽임을 당하는 박쥐의 공포와 고통이 왜 내 머릿속에서 이명耳鳴처럼 계속 울리지?

이는 어제의 잘못 때문이리라…….

뭐 흡혈박쥐가 어떻고, 구아노가 어떻고, 광견병이 어떻고 하면서 좋지 않게 잔망孱妄을 떨다가, "아작"하는 박쥐의 고통에 내가 지금 힘겨워하고 있다.

박쥐야! 미안하다!

분노憤怒라는 병

분노의 종류를 생각해 보자.

먼저 외부로부터 오는 분노가 있다. 즉 다른 사람이나 외부 상황, 형태에 따라 발생하는 분노다.

예를 들면 주차 관계로 차창 앞에 전화번호를 놓았더니, 갑자기 "야!! 새끼야 차 빼!!"라는 문자가 왔다. 상대방은 당황하고 기분이 상해 받은 전화번호로 전화를 한다. 그러면 소액결제라 해서 25만원이 통장에서 빠져 나가는 신종 보이스피싱이 있단다.

이는 상대방에게 욕을 해 흥분시키고 화를 내게 해 돈을 편취하는 나쁜 방법이나 이는 외부로부터 오는 분노의 일종이다.

날씨도 외부 요인의 분노이다.

끈적끈적한 장마철의 불쾌지수, 잔칫 날, 소풍 가는 날에 비, 논바닥이 쩍쩍 갈라지는 가뭄, 지나친 폭설로 교통 두절, 심한 폭풍우로 해안가 도시 침수, 가옥 파괴 등등 날씨로 오는 분노도 적지 않다.

환자도 외부 분노다.

환자가 외부 분노가 되어서는 안 된다. 의사는 모든 지식과 친절로 아픈 환자를 돌보고 치료할 의무가 있다. 그런데 진상 환자는 외부 분노다.

외부 분노 중 사람으로부터 오는 예가 제일 많다.

이유 없이 나보다 먼저 승진하는 친구, 같이 낚시를 하는데 나만 못 잡고 옆에 사람만 많이 잡을 때. 응원하는 축구팀이 지고 있을 때, 전쟁이 일어나기도 한다. 선거에 졌을 때, 이민을 가는 사람도 있다. 딸이나 부인이 성희롱을 당하면 살인이 나기도 한다. 사기, 조롱, 무시, 폭력, 구타, 빈부격차, 배신, 배반, 노사갈등 등등 다른 사람으로부터 받거나 당하는 짜증, 고통, 불합리, 열패감은 세상사 중 큰 외부 분노이다.

곤충도 외부 분노 중 하나다.

더운 여름날 한밤에 지져대는 매미의 소음, 곤히 자는데 방에 들어온 모깃소리, 모든 농사를 망쳐버리는 메뚜기 떼 공격, 파리 떼 습격을 받고 있는 아프리카 소녀의 상처 난 다리 등등.

다음은 자기 마음속에서 저절로 불거져 나오는 내부 분노를 살펴보자.

화병이다.

이는 어느 날 갑자기 생긴 게 아니다. 고부간의 갈등, 남편의 외도, 찌든 살림살이, 계속된 못난 자식의 어깃장, 빚 독촉 등등 하루도 거르지 않고 계속되는 중압감, 스트레스, 공포, 긴장이 뒤섞이고 버무려져 우리 몸 어디에선가 불현듯 나타나는 분노다.

울화통이다.

참으려 해도 참지 못하고 터져 나오는 내부 분노다. 생각만 해도 얼굴이 붉어지고, 가슴이 벌렁벌렁하고, 팔다리가 저려온다. 이는 대상이 그리 많지 않다. 한두 가지 사안에 대해 집착하고 골똘히 생각해 그 안에서 헤어나지 못하고 집중에 집중을 하다 자기 성질을 이기지 못해 폭력적으로 발산되는 내부 분노다.

우울증이다.

내부 분노 중 가장 심각하고 해결하기 힘든 분노 중 하나다. 이는 단순 분노가 아니라 복합적 분노이기 때문이다. 연령도 다양하다. 어린 초등학교 학생부터 노처녀, 취직을 준비하는 학생, 시집갈 적령기의 처녀, 갱년기의 아줌마, 의지할

곳 없는 노인, 희망을 잃은 병자, 여러 시험에 떨어진 낙방생 등등 많다.

우울증의 형태도 여러 가지다. 누구와 상대를 하지 않고 자신만의 세계에 파묻혀 사는 은둔형이 있는가 하면 이유 없는 반항과 이해되지 않는 행동으로 광적 발산을 하는 광분형의 우울증이 있다.

하여간에 은둔형이든 광분형이든 모두 자신 스스로에 내재된 그 무엇에 의해 이루어지는 내부 분노이다.

발광이 있다.

책상을 때려 부순다. 집기를 집어 던진다. 고래고래 소리를 친다. 미친 듯하다. 심지어는 흉기를 들고 날뛴다. 눈빛이 다르다. 눈의 초점이 없다. 머리는 산발이다. 가끔 팔다리가 꼬인다. 횡설수설한다.

이를 때 누가 말릴 수도 없고 진정시킬 수도 없다. 그냥 놔둬야 한다. 이런 광기가 어디서 나왔을까? 외부 자극 없이 혼자 스스로 일어나는 심적 흥분, 정신적 착란, 신경 계통의 이상과 같은 비정상적 내부 분노의 일종이다.

이 모든 것이 하나의 병病이다. 외부 분노든 내부 분노든 고쳐야 하는 병이다. 어떻게 하면 분노를 가라앉히고 평온한 상태로 만들 수 있을까?

정신과 의사도 아니고 전문적 심리학자도 아니지만 분노라는 병을 치유하고 싶다.

한 번 눈을 감아본다. 모든 세상이 암흑이다. 암흑 속에는 보이는 것도 없고 만져지는 것도 없고 느껴지는 것도 없다. 다만 어둠뿐이다. 상대할 사람도 없고 거추장스런 사물도 없다. 마치 알몸 같다. 혼자 알몸인데 두려울 것이 무엇이며 창피할 것이 무엇이며 상대할 것이 무엇이며 비교할 것이 무엇이 있겠는가? 오직 나 혼자이다. 혼자이니 모든 세상이 나를 위해 있고 고통 짜증 번뇌 수치 번잡이 어디 있을 수 있겠는가?

눈을 감고 큰 숨을 들이키면 더 좋겠다. 가슴이 넓어지고 신선한 공기가 폐를 통해 온몸으로 퍼질 때 맑은 세상이 보이지 않겠는가? 실제로 심호흡을 통해 혈액 속에 산소의 공급이 많아지면 모든 장기가 활발하게 활동을 하고 두뇌가 산뜻해져 마음이 안정되고 기분이 명쾌해진다고 한다. 이는 정신과 심리학과 학자들이 하는 이야기이다.

눈을 감고 심호흡을 하면서 어떤 무엇에 집중을 하는 명상을 곁들이면 더 좋겠다. 인도에는 요가나 명상이 성행한다. 인도사람들에게는 분노로 삶을 지치게 하는 일이 드물다고 한다. 요가나 명상 때문인지는 몰라도 분노 속에 살아야만 하는 불가촉천민마저도 생을 즐기고 있다니 요가나 명상이 분노 조절에 다소 도움이 되는 모양이다.

한 번 눈을 감고 긴 호흡에 명상을 해 "분노라는 병"을 잡을 수 있다면 안 하느니보다 낫지 않겠는가?

살 맛이 안 난다!

세간에 "고급 옷 로비 의혹 사건"이 회자되고 있다. IMF로 인해 온 국민이 허리띠를 졸라매고 허덕이고 있는데 고위층에서는 고급 옷으로 로비를 했다느니 안 했다느니 하며 설왕설래하고 있다. 그 사건의 진실이 어떠하든 우리가 이러쿵저러쿵 할 필요는 없다. 우리 민초들이야 고급 옷 하고는 아무 상관이 없고, 다만 어떻게 하면 이번 달에 나온 국민 연금이니, 의료 보험료니, 노동자 보험료니 하는 것을 제때에 낼 수 있느냐 하는 것이다.

우리 치과 의사들이 한 달에 내는 공과금을 계산해 보자. 국민연금 108,000원, 의료 보험료 15만원 내지 21만원, 노동자 보험료 5만원 내지 9만원이니 합하면 308,000원 내지

418,000원이 된다. 거기다 전기료, 수도료, 전화세 등을 합하면 한 달에 팔십만 원 내지 백만 원 이상 나간다. 이 돈은 순수하게 우리의 노동의 대가(?)로 인한 순이익에서 충당해야 한다. 인건비, 기공료, 재료대, 집세, 치과운영비, 활동비, 문서 구입비 등등 한 달에 지불해야 할 돈이 얼마인지 월말이 되면 머리가 지끈지끈 아프다.

그런데도 신문 도하에는 전문직 의사들의 제 세 공과금이 봉급자의 몇 퍼센트에 지나지 않는다고 하면서 마치 세금을 포탈하는 범법자나 도둑놈으로 취급하고 있다. 더구나 요사이 IMF시대를 맞이하여 치과 의사들의 사정을 들여다보면 더욱 어려운 실정인데 이런 취급을 받는다면 살맛이 나겠는가?

다른 업종은 더 심해서 많은 실업자가 서울역으로 몰려드는 이때에 무슨 한가한 소리를 한다고 역정을 내겠지만, 요사이 우리 치과계의 모습을 살펴보면 환자 수는 줄지요, 환율 인상으로 기자재 값은 오르지요, 보험 수가는 제자리걸음을 하는데 우리 치과 의사들 어떻게 살아가란 말인가? 참으로 답답하고 힘들다.

많은 사람들이 "요새 살맛이 안 난다"고 한다. 누구 때문일까? 행여 우리 치과 의사들이 살맛 안 나게 만드는 대상이 되어 있는 것은 아니겠지…….

생각

'생각'이라는 것은 형태도 없고, 잡히지도 않고, 보이지도 않고, 냄새도 없다. 또 '생각'이라는 것을 들여다보면 사랑, 애정, 꿈, 연민, 기쁨, 환희, 즐거움이 있는가 하면 공포, 좌절, 증오, 미움, 다툼, 질시, 삐짐이 있다. '생각'의 종류가 어디 이뿐이겠는가? 무수히 많은 사연과 연고도 있을 것이다.

'생각'이라는 단어가 추상 명사이니 크기가 얼마나 되겠고, 모양이 어떠하겠으며, 냄새가 어떤 것이겠는가 하는 것을 어림하기가 쉽지 않다. 하지만 '생각'하면 크기, 모양, 냄새가 있을 것만 같고, 그것도 다양한 크기와 모양과 냄새가 있을 것 같다.

'생각'이라는 단어에 크기라는 계량적 수치와 형태적 모양과 미각적 향기를 불어넣어 보는 것도 재미있는 일일 것이다. 여기에는 철학적 탐구나 심리학적 학문적 추구는 필요 없다. 다만 우리네가 지나치며 보고 느끼고 맛본 흥미를 찾기만 하면 된다.

한 번 '생각'의 크기를 측정해 보자. 아마 초등학교 학생에게 '생각'의 크기를 물어보면 두 팔을 크게 벌리며 "이만큼"하고 '생각'의 크기를 말할 것이고, 우주 과학자에게 물어보면 "무한대"라고 말할는지 모른다. 또 미생물을 연구하는 세포학자에게 물어보면 세포의 미토콘드리아가 어떻고, mRNA(리보핵산)이 어떻고 하면서 아마 '생각'의 크기가 "마이크론"보다도 작은 크기라고 말할 것이다. 이것이 전부일까? 아마도 '생각'의 크기를 "이만큼"이나 "무한대"나 "마이크론"으로 측정되는 것은 아닌 성싶다.

주위에서 보면 누구는 "생각이 깊다"느니, 누구는 "생각이 밴댕이 속 같다"느니, 누구는 "생각이 하늘같다"느니, 누구는 "생각이 좁쌀 같다"느니 하면서 '생각'을 사람의 마음속에 넣고 이야기하곤 한다. 이렇게 보면 '생각'의 크기는 그 사람 마음속에 있는 그릇의 크기와 같은 것 같다.

다음은 '생각'의 형태를 모양 지어 보자. '생각'의 형태를 모양 짓기가 쉽지가 않다. 네모일까? 세모일까? 아니면 둥근 달 모양일까? 아니면 형태가 수시로 변하는 아메바 동물 모양일까? 아니면 횃불의 불꽃일까? 지금까지 '생각'의 형태를 정형화해서 내놓은 경우가 있는가? 없다. 그래도 '생각'에는 어떤 모양이 있을 것만 같고, 자꾸 그런 생각이 든다.

"할아버지 춥지 않으세요? 아이고 냉방이네! 이번에 연탄 100장 놓고 갑니다."

"오늘이 정월 대보름이구나. 이북에 계시는 어머니는 살아 계실까?"

"사랑 합시다. 용서 합시다"

"물은 물이요"

"미운 놈이 맛난 것만 쳐 먹고 있네."

"저는 행복해요. 지금 날아갈 것만 같아요."

"에이 쌍! 나는 왜 이렇게 재수가 없지?"

"그러나저러나 자네가 잘못한 것 같아. 잘못했다고 용서를 빌지 그래."

"잘살아 보세!"

위의 글을 읽고 있노라면 '생각'의 형태가 있는 것 같기도 하고 없는 것 같기도 하다. 하여간에 '생각'의 형태가 있고 없고를 떠나 마음이 짠하기도 하고, 괘씸하기도 하고, 즐겁기도 하고, 후회스럽기도 하다. 이것이 무언가? '생각'의 모양일까? '생각'의 형태가 무엇인지는 몰라도 마음의 동요가 있는 것은 사실이다.

다음은 '생각'의 향기를 맡아보자. '생각'의 형태가 있는지 없는지 조차도 알수가 없는 판에 '생각'의 냄새를 맡겠다니 어처구니가 없다. 아마도 '생각'의 향기를 찾는다는 것 자체가 무모할는지 모르고, '생각'의 형태를 찾기보다도 더 어려울 것 같다.

'생각의 향기'라고 하니까 '생각'이라는 것이 정말 달콤한 꿀과 고소한 냄새가 나는 꽃과 떡으로 착각된다. 정말로 꿀이 샘솟고 축복이 넘치는 오병이어五餠二魚의 기적이 사실로 나타나 '생각의 향기'속으로 들어가 아름답고 고운 향기를 뿜어낼 수 있을까?

이 답답한 의문을 일거에 날려 보내고, 그 어렵디 어려운 이 질문을 산뜻하게 해결해 준 향기 나는 한줄기 빛을 보았다. 바로 김수환 추기경님의 선종善終이다. 김수환 추기경님은 당신의 선종을 통해 우리에게 당신의 '생각의 향기'가 그 어떤 향기보다도 진하고 정겹고 가까운 우리의 이웃이라는 것을 …….

사랑의 향기.
순종의 향기.
용서의 향기.
나눔의 향기.

감사의 향기.

김수환 추기경님의 '생각'은 '생각'이라는 단순한 추상 명사에 더 큰 크기의 의미와 다양하고 숭고한 모양과 꿈과 기적과 감사의 향기를 더해 주신 '생각'이었다.

김수환 추기경님 감사합니다. 사랑합니다.

앓고나서

의사가 아파 갑자기 쓰러졌다. 간호사가 “의사 선생님, 의사선생님 부를까요?” 라고 물었다. 쓰러진 의사는 말이 없다. 정말로 정작 의사 선생님이 아프면 누가 치료를 할 것인가가 문제다. “중이 제 머리 못 깎듯” 의사 자신이 치료를 못하니 말이다.

이보다 더 안타까운 것은 의사가 아프면 환자들이 갈 곳이 없다. 의사가 아파, 드러누우면 환자는 어떻게 하란 말인가? 속절없이 고통을 참고 이겨야만 한다. 의사가 죄인이다. 그러니 의사 자신이 아프다고 드러누울 수 없는 노릇이고 나 몰라라 할 처지도 아니다. 하여간에 의사가 아프면 골치 아프고, 환자나 의사 모두에게 힘든 일이다.

재미있는 것은 의사가 아파서 환자가 되었을 때 어떠할까 하는 것이다. 그러면 환자인 의사 자신 뿐 아니라 자기를 치료해 주는 의사에 대한 참된 모상과 진수를 엿볼 수 있을 것 같다. 환자의 입장에서 의사 자신을 투영해 볼 수도 있다.

우연히 눈의 망막이 터져 안과에 갔다. 한쪽 눈이 전혀 보이지 않았다. 갑자기 일어난 일이고 처음 있는 일이다. 치과 의사가 앞이 안 보인다면 환자를 어떻게 치료하겠는가?

딴 환자를 위해서라도 빨리 치료를 받아야 했고 나를 위해서도 급한 일이었다. 그런데 막상 안과에 간다고 하니 두렵고 무서웠다, 지금까지 나의 병원에 온 환자들의 마음을 헤아려 보았다. 아마도 모든 환자들이 지금 나의 심정이었으리라. 무서움과 두려움의 공포에 싸여 힘들게 병원을 왔으리라. 지금 내가 환자가 되고 보니 지금까지 무심히 지나쳤던 일들이 생각나서 반성의 뜻으로 나를 다잡아 본다.

지금까지 치과 병원에 온 환자들이 얼마나 무서움과 두려움에 떨면서 왔을까? 이런 환자들에게 엄살 부린다고 얼마나 많은 핀잔을 주었는가?

환자에게 부드러운 인사는 했는가? 환자는 보지도 않고 차트나 컴퓨터만 보면서 인사를 하는 둥 마는 둥 하지 않았나? 쥐꼬리만 한 권위를 세운다고 반말로 지껄이지 않았는지 모르겠다. 그런다고 권위가 서는 것도 아닌데 말이다.

자세한 설명을 바라는 환자의 요구를 외면하지 않았나? 내가 짜증난다고 환자에게 더 심한 짜증을 부리지나 않았나? 참을 줄 모르고 자신의 주장만 내세우며 우기지는 않았나? 얕잡아 봐 보면서 거드름을 피우지는 않았나? 대꾸를 하는 둥 마는 둥 하지는 않았나? 어려운 환자에게도 꼬박꼬박 진료비를 챙겼나? 봉사나 헌신의 정신을 생각해 보았는가?

피곤하다고 아랫사람에게 진료를 맡기지 않았는가? 어떻게 보면 아랫사람에게 환자를 맡기는 것이 좀 권위 있어 보이기는 한다. 사실 권위는 아랫사람에게 진료를 맡기든가 반말을 해서 생기는 것이 아니다.

겁주듯이 지나치게 예후를 과장되게 말하지는 않았는지? 그렇지 않아도 겁먹고 온 환자에게 '수술을 해야 된다는 둥' '암으로 진행될 수도 있다는 둥' '얼마 오래 못 살겠다는 둥' '장애인이 되겠다는 둥' 이런 말을 하면서 환자에게 겁을 주지 않았는지 모르겠다.

다음으로는 환자의 입장에서 생각해 보았다. 서푼도 안 되는 의학지식으로 진짜 의사 선생님의 말을 무시하고 내 생각으로만 판단하지 않았는가? 지키라는 주의사항을 겉으로 듣고 제멋대로 하지는 않았는가? 자기 영역도 아닌 다른 의사선생님께 자기주장을 내세우며 우기지는 않았나?

내가 환자가 되어 보니 지난 나의 잘못이나 실수가 상심으로 변한다. 후회를 한다고 상심이 없어지겠냐마는 그나마 환자에 대한 배려가 새로워지겠구나 하는 마음이 든다.

어처구니없는 맷돌

맷돌은 돌로 아래짝 위짝을 같은 크기로 만들어 아래짝 한 가운데에는 수쇠, 위짝에는 암쇠를 끼워 매를 돌릴 때 벗어나지 않게 하고 곡식이나 콩 등을 타거나 갈아서 다른 재료를 만드는 연장이다.

맷돌의 모양새는 우선 윗돌과 아랫돌로 되어 있는데 윗돌에는 망밥을 넣을 수 있게 구멍이 나 있고 옆구리에는 망손, 매손, 어이, 어처구니라고 하는 손잡이가 있고 가운데는 암쇠가 있어 아래짝 수쇠와 맞물리게 되어 있다.

아래짝은 가운데 수쇠가 있고 바닥은 곡물이나 망밥이 잘 타지거나 연마가 잘 되게 매조가 처져 있다.

맷돌은 BC 1500-3000년 전 구석기 시대부터 사용됐다고 하며 우리나라는 중국을 통해 들어왔다고 한다.

맷돌의 이름도 다양하다. 과거에는 매, 매돌(재물보), 맷돌, 물명고, 물보(농가월령가), 차마車磨, 연애碾磑, 애磑, 마磨(훈몽자회), 마석磨石(훈몽자치), 석마石磨(해동농서)로 불리었다.

또 지방에 따라 방언으로 가래(제주), 동매(예산), 망(함북, 함남, 평남), 망똘(황해도), 매뚝(전남, 전북), 매(전남, 충남) 등등으로 불리어 왔다.

어처구니없는 맷돌을 생각해 보자.

원래 '어처구니'는 명사로 상상 밖의 엄청나게 큰 사람이나 사물을 뜻한다.

그런데 '어처구니가 없다'라고 하면 결정적일 때 없어서 말려드는 황당한 경우의 전라도식 표현인 '얼빵였다'느니 강원도 사투리 '냉택없다' '달부어없다'와 같이 터무니없다, 그럴리 없다와 같은 뜻으로 쓰이면서 하나의 관용어가 됐다.

'어처구니가 없다'는 미처 생각지도 못한 황당한 경우를 말한다.

다시 '어처구니없는'맷돌로 돌아가 보자.

위에서 말한 것처럼 '어처구니없는' 맷돌은 미처 생각지도 못한 황당한 경우를 당한 맷돌이라는 말 아닌가?

그런데 '어처구니'가 없는 맷돌은 지금까지 황당하고 어이없는 경우의 말과는 차이가 있는 듯하다.

맷돌에서의 망손, 매손, 어이, 어처구니는 맷돌을 돌려서 보리, 콩, 팥 등을 갈아서 만든 가루인 고삭을 만들기도 하고 엿기름을 갈아서 만든 맥아분麥芽粉인 골고루도 만들고 곡식의 껍질을 베낀 거피도 만들게 하는 힘의 원동력이며 모든 물건을 만들어 내기 위한 기초적 부분이다.

정말로 맷돌에서 '어처구니'가 없다면 어떻게 맷돌을 돌릴 것이며, 밀가루는 어떻게 만들 것이며, 두부는 어떻게 만들어 먹겠는가?

아무리 맷돌이 잘 생기고 성능이 좋다고 해도 '어처구니'가 없으면 아무것도 할 수가 없다.

그래서 '어처구니'는 맷돌로서의 제 기능을 발휘하기 위해 꼭 필요한 없어서는 안 될 요긴한 부분인 것이다.

'어처구니'가 없는 맷돌을 생각하면서 우리가 살아가는 동안에 맷돌의 '어처구니'와 같은 존재가 되어야 할 것이다.

엄마

힘에 부치는 큰 대야를 이고 짠 젓갈 냄새를 풍기며 "새우젓 사세요." "새우젓 사세요." 하며 골목을 누비는 당신이 싫었습니다. 남보다 못 사는 나의 모습이 당신의 무능 때문이라고 생각했지요.

"홀 엄마"라는 말이 난 싫었어요. 나도 아버지의 사랑을 받고 싶었습니다. 딴 엄마들처럼 울 엄마도 개가를 해서 고생을 하지 않았으면 얼마나 좋을까 생각을 했지요.

빨랫골 뒷산에서 나무하다 낫에 발등을 찍혔을 때 당신의 당황하는 모습을 저는 보았지요. 그렇게 사 달라고 졸라도 사 주지 않던 풀빵을 두 개씩이나 사 주셨지요. 왜 당신이 그렇게 했는지 그때는 몰랐어요.

오이지를 하겠다고 사 온 끝물 오이 반 접을 무심결에 먹어 버린 나를 얼마나 부지깽이로 때렸는지 아세요? 나는 그때 많이 울었어요. 매가 아파서가 아니라 오이 반 접보다도 못한 내가 서러워서 그랬답니다.

중학교에 합격하였을 때 중국집에서 처음 먹어보는 울면을 두 그릇이나 먹어도 아무 말 하지 않은 당신이 이상했어요.

왜 시험 때만 되면 당신은 쪽머리를 감아 예민한 나의 신경을 건드셨나요? 시험을 잘 보게 천지신명께 당신은 지성을 드렸다고 하지만 주르륵주르륵 머리 감는 소리는 당신을 더욱 밉게 만들었어요.

당신은 내가 공부를 잘 하는지 못 하는지 모르잖아요? 어차피 당신은 학교 근처도 가 보지 못했으니 말이에요. 그것 때문에 저는 몰래 게으름을 피우기도 했답니다.

3등이나 떨어진 통지표에 몰래 도장을 찍어간 사실을 당신은 모르실 거예요. 그래도 당신은 당신의 자식이 공부를 잘하는 줄 아셨겠죠?

엄마!

엄마 없는 지금이 정말 싫습니다.

소리 내어 "새우젓 사세요."라고 외치고 싶습니다. 비릿한 새우젓이 지금의 나를 만들었잖아요. 박사가 되어 있어요.

허리 한 번 제대로 펴지 못하고 고생만 하신 엄마가 그립습니다.

울어 보셨습니까?

모든 이의 삶은 울음으로부터 시작한다.

첫 울음은 엄마의 산고를 잊게 하는 행복한 탄생의 울음이다.

이 울음은 오직 하나다.

왕후장상의 울음이 따로 없고 말구종, 여리꾼, 깍정이패, 각설이패, 화적패, 논다리, 더벙추의 울음이 다르지 않다.

이 울음이야말로 하나님이 주신 곧은 선물이며 옹근 몫이다.

울어 보셨습니까?

동계 올림픽에서 우승한 김연아의 눈물이 아니어도 좋다.

찌든 삶 속에 한 푼 두 푼 옹골지게 모은 돈으로 처음 자기 집이라고 15평짜리 아파트를 샀을 때, 창가에 서서 자기도 모르게 흘리는 눈물은 환희와 기쁨의 눈물이며 끝내 해낸 성취의 눈물이다.

이때만큼은 지난날의 모든 사연들이나 괴롭고 안타까웠던 모대기가 모두 사라져 버린다.

울어 보셨습니까?

이건 큰 싸움이다.

인생의 갈림길이기도 하다.

꼭 이겨야 했다.

전쟁, 전투가 아니고 우리 생활 속의 입시, 선거, 진급, 당첨, 말질 등에서 이겨야 했다.

그러나 매양 떨어지고 석패와 열패로 얼룩졌다.

어느 누가 말하기를 '자기는 운전면허 시험까지 합해 인생의 합격률이 45%라 한다.'

그럼 55%는 울었다는 얘기 아닌가?

울어 보셨습니까?

영화 워낭소리의 황소 죽음은 보는 이로 하여금 눈물짓게 한다.

원낭소리의 황소 뿐 아니라 개, 고양이, 앵무새, 고슴도치, 햄스터, 토끼 심지어는 이구아나 등 반려동물의 죽음은 영원한 이별에 대한 지울 수 없는 마음의 아픔과 슬픔이다.

생후 몇 개월도 안 된 길고양이를 데려다 15년을 길렀다.

결국 길 고양이는 천수를 다하고 죽었다.

그런데도 눈물이 났고 또 얼마나 울었는지 모른다.

울어 보셨습니까?

'엄마 배고파! 엄마 배고파!'

'없는 밥을 어떻게 주니?'

엄마의 먹힌 가슴이 언제 시원해질까?

밥이 생기면 정말로 엄마의 응어리가 풀릴까?

아무튼 애들과 엄마는 밥이 생기기를 바라겠지?

굶주림, 배고픔, 허기, 기아의 고통은 참고 견디기에는 너무나 가혹한 슬픔이다.

풍요가 허기를 다 채워 준다 해도 또 다른 주림이 생기는 이유는 무엇일까?

울어 보셨습니까?

'이놈의 자슥아! 무엇이 그리 급해 내 보다 먼저 세상을 뜨냐?'

'이러케 내 맴에 가시를 꼽으면 난 어떠케 사냐?'

'에이 몹쓸늠의 자슥 가터니라구!'

꼭 죽음만이 아니다.

다쳐도 그렇고, 병들어도 그렇고, 실패를 해도 그렇고

항상 부모의 마음은 자식 생각뿐이다.

울어 보셨습니까?

'한 많은 이 세상, 야속한 님아.'

'정을 두고 몸만 가니 눈물이 나네.'

'백사장 새 모래밭에 칠성단을 보고.'

'님 생겨 단하고 비나이다.'
'아무렴 그렇지 그렇고말고.'
'한 오백년 살자는데 웬 성화요.'
울어 보셨습니까?

회심곡 끝자락
'일신정기一身精氣며 인간오복人間五福'
몸수태평 얻어다가 귀한 아들 따님 전에 전법傳法하니,
어진 성현이 선남자善男子 되리로다.
명복命福이 자래自來라,
아하――헤나네.

열에열 사십 소사 나하아 아하 아아'

울어 보셨습니까?

'6,25전쟁 중 1,4후퇴 때 한 미군병사의 이야기다.'

'미군병사가 어느 다리 밑을 지나다 한아이의 울음소리를 들었다.'

'다리 밑에는 발가벗은 한 여인이 죽어 있었다.'

죽은 여인 옆에는 여인의 옷으로 감싸인 어린아이가 있었다.

'여인은 자신의 옷으로 아이를 보호하고는 죽어 간 것이다.'

'미군은 여인을 그 자리에 묻고 아이를 미국으로 데려 갔

다.'

'미국으로 간 아이는 성인으로 성장했다.'

'노인이 된 미군병사는 아이에게 엄마의 죽음에 대해 알려 주었다.'

'성인이 된 아이는 추운 겨울 어느 날 엄마가 잠들어 있는 다리 밑에 왔다.'

'아이는 자신의 옷을 다 벗었다.'

'엄마! 내가 왔어요. 살아서 왔어요.'

'엄마! 이제는 춥지 않게 나의 옷으로 덮어 드릴게요.'

'아이는 옷 하나하나를 엄마의 무덤을 덮어 갔다.'

'발가벗은 아이는 엄마의 산소를 부둥켜안고 울었다.'

'엄마! 제가 너무 늦게 왔어요.'

울어 보셨습니까?

이혼

"선생님, 이 자리에서 오랫동안 치과 하셨지요?"

"예, 한 40년 했습니다."

"맞아요. 제가 내일이면 고희 칠십이니까요."

"그러면 이곳에서 한 35년 동안 계속 사신 거네요?"

"네, 맞아요. 전에 선생님 집 옆에 살았잖아요. 지금도 생각이 나는데 선생님 어머님이 키가 작고 노인인데도 머리가 까맣던 거 같아요. 그리고 홀로 5남매를 기르시느라고 고생 많이 하셨다고 자주 말씀하신 것 같아요."

"네, 기억을 잘하시네요."

"사실 그때 내가 이혼을 하려고 했어요. 남편이 집안은 통 돌보지 않고 백수건달로 지내며 술만 먹고 빚만 지니 살아가기가 힘들고 괴로웠어요."

"그때는 그런 일이 많았지요."

"그때 선생님 어머니 말씀이 '내가 30년 넘게 홀로 살면서 5남매를 기르다 보니 아무리 남편이 보잘것없고 무지렁이 같아도 남편이 없는 것보다는 있는 게 나은 것 갔다'라고 하면서 가능하면 이혼을 하지 말라고 하셨어요. 그래서 마음을 가다듬고 이혼을 하지 않았지 뭐예요. 그 말씀 덕분에 지금은 3남매를 잘 키워 시집 장가 다 보내고 잘살고 있어요. 남편도 이제는 건강도 좋아지고 생활력도 강해져 잘살고 있지요. 가끔 그때를 생각하면 이 모두가 선생님의 어머니 덕분인가 합니다."

" 아! 그런 일이 있었나요. 저희 어머니도 30년 전 일흔 아홉에 돌아가셨습니다."

"그렇겠지요. 그때도 할머니이었는데. 제가 지금 예순 아홉이에요."

아마도 그 아주머니(나의 환자분)가 그 당시에 30대 후반이 아니었나 싶다. 그때에는 삶이 고달프고 역겨웠으며 힘들고 희망이 없는 때다. 그래서 누구나 짜증을 내고 부대끼고 엉키고 이해가 없는 때였다. 그래서 이혼도 쉽게 하고 다투고 싸우며 질펀하게 살았었다. 다행히 우리 어머니의 농익은 생활 철학으로 이혼을 하지 않고 잘 살아서 좋은 결과가 되었다니 참 기쁜 일이다.

"형님! 집사람 하고 이혼 도장 찍었습니다."

침울한지 산뜻한지 개운한지 모를 후배 A의 전화 한 통화다.

후배 A의 결혼은 누가 봐도 환상적인 결혼이었다. 양가 집안이 재력가이었고 신랑은 Y대 치과 대학 학생이고 신부는 E대 경영대를 졸업한 수재였다.

그러나 결혼 당시에는 신랑 측이 신부 측보다 재력이 좋았다. 그래서 신혼 초에는 신랑 측에서 신부 측을 얕잡아 보았다.

신랑은 치과 대학을 다니면서 자기 집 재력을 믿고 방탕한 생활을 했다. 신촌 일대의 술집 주인들은 신랑 A를 모르는 사람이 없었다.

세상일은 알 수가 없는 것이어서 세월이 흐르면서 신랑 측 재력도 점점 기울어 가고, 후배 A의 건강도 나빠져 치과의사가 된 후에는 부부간에 다툼이 잦았다. 거기다 두 집안 간 과거의 섭섭했던 일, 지겨웠던 일이 새로워지면서 두 집안 간의 갈등이 커져 결국 이혼을 할 단계까지 가게 된 모양이다.

부부는 내게 자문을 물어왔다.

"지금 감정이 좋지 않아도 세월이 가면 없어지는 거예요.

지금 30대이지만 6-70 금방 돼요. 인생이 그리 길지 않아요. 좀 참고 살도록 해요."

양쪽이 막무가내다. 결국 이혼을 한 모양이다.

35년이 지난 지금은 어떠한가?

후배 A는 과거의 술 때문에 몸이 망가져 심한 당뇨에 시달리고 있고 병원 좁은 방에 혼자 생활을 하며 은둔자 같이 지내고 있다.

부인은 부모로부터 재산을 물려 받아 아들 딸둘을 데리고 미국으로 가 어떤 생활을 하는지 모른다. 단지 이혼을 후회한단다.

부인은 부인대로 후배는 후배대로 원만한 생활을 하지 못하고 지난날을 씁쓸히 회상하는 모양이다.

한순간의 흥분된 생각이 지금의 상황을 만들었다. 본인들은 어떤 생각을 하고 있는지 모르나 옆에서 보는 선배의 입장에서는 꼭 이혼이 모든 것을 해결하는 수단일까? 하는 의구심이 든다.

요사이 이혼의 가짓수도 많다.

신혼여행지에서 마음이 안 맞아 이혼하는 신혼여행 이혼, 첫날밤 싸움으로 헤어지는 첫날밤 이혼, 결혼식장에서 아이가 나타나 파혼되는 결혼식장 이혼, 성격 차이 이혼, 폭력에 의한 이혼, 불륜에 의한 이혼, 황혼이혼, 졸혼(결혼을 졸업하는 이혼), 합의이혼, 계약 이혼 등등 많다.

하여간에 이 많은 이혼이 생을 살아가는데 삶의 질을 향상시키고 갈등의 고리를 풀고 진정으로 업그레드 된 삶이 될까?

이상의 두 이혼 사례를 보면서 이혼보다 좋은 생의 삶이 무엇인지 고민해 본다.

제2부

봉사와 나눔

세월을 거슬러 간 여행

이번 여행은 두 아이의 여행이다.

한 아이는 예순 살이 넘는 노인아이의 여행이고, 다른 여행은 열 살 된 여자아이가 한 번도 가보지 못한 곳으로의 여행이다.

노인아이의 여행은 이러하다.

자동차 뒤꽁무니에서 나는 기름 냄새가 좋다고 정신없이 쫓아다니던 때로의 여행이고, 배고픔을 잊기 위해 담벼락의 흙을 밥인 양 먹던 때로의 여행이고, 머리에 땜통을 이고 살던 때로의 여행이고, 하얀 DDT 가루를 머리와 온몸에 뒤집어쓰고 좋다고 뛰어 놀던 때로의 여행이고, 삶과 죽음의 경계가 없는 때로의 여행이다.

여자아이의 여행은 이러하다.

정말로 이런 때가 올지 모르는 때로의 여행이고, 상상이 안 되는 때로의 여행이고, 풍족함과 여유로움이 꿈에서만 갈 수 있는 때로의 여행이고, 그리움으로 바라보는 때로의 여행이고, 무한한 희망을 간직한 채 이룰 수 있는 때로의 여행이고, 컴퓨터와 디지털 카메라를 가질 수 있는 때로의 여행이다.

그러니까 노인아이는 55년을 뒤로 거슬러 간 여행이고, 여자아이의 여행은 20년이 될지 30년이 될지, 아니 영원히 안 올지도 모르나, 그래도 언젠가는 오겠지 하는 희망을 위해 앞으로 거슬러 간 여행이다. 이러한 여행이 2009년 7월 30일 캄보디아 깜퐁치아에서 동시에 일어났다.

노인아이는 이번 여행을 이렇게 이야기 하고 있다.

"이번 캄보디아 여행은 네 번째다. 네 번째 여행이라고 하지만 첫 번째 여행과 같다. 지금까지 캄보디아 여행은 나를 위해, 나만의 즐거움을 위해 간 여행이다. 순수한 관광 여행이다.

이번 여행은 캄보디아 수도 프놈펜에서 자동차로 두 시간 떨어진 지방 도시 깜퐁치아에서 모 의료봉사 단체와 함께한 의료봉사 여행이다. 해외 의료봉사 여행은 이번이 처음이다. 그러니 남을 위하고, 남을 기쁘게 하는 여행이 처음인 것이다. 남을 위한 여행이어서 그런지 떠나기 전부터 설레었고 흥분과 기대가 앞섰다. 지금까지 많은 여행을 했지만 이번 여행처럼 마음 뿌듯한 여행은 없다. 멋진 여행이고 나에게 눈물을 안겨준 여행이다."

여자아이는 이번 여행을 이렇게 이야기 한다.

"저는 꿈을 꾸는 것 같아요. 아프면 그냥 아파야 해요. 아프면 눈물로 아픔을 참지요. 울다 보면 낫기도 한답니다.

그런데 희한한 일이 생겼어요. 내가 알지도 못하는 먼 나라에서 왔다는 분들이 우리에게 약도 주고, 아픈 데를 고쳐 주기도 해요. 엄마가 부처님께 빌어서 부처님이 오셨나 봐요. 아니면 하나님이 오셨나? 하여간에 울지 않고도 나의 아픈 데를 고칠 수 있었어요.

더욱 기분이 좋은 것은 내 동생이 이제 칭얼거리지 않아서 좋아요. 매일 이가 아프다고 했는데 이제는 안 아프데요. 부처님인지 하나님인지 할아버지인지 아버지인지 모르나 참 고마우신 분들이에요.

저는 지금 알지도 못하는 세상에 와 있어요. 이런 일은 태어나서 처음이에요. 참 좋은 세상인 것 같아요. 이런 세상에서 계속 살고 싶어요."

깜풍치아 도립 병원에 마련된 진료소에는 생선 곱 같은 끈적끈적한 공기가 훈훈한 열기를 머금고 그 속에 있는 사람들을 찌고 삶고 있다. 어젯밤 호텔에서 맡은 곰팡이 냄새가 나는 듯하다. 천장에 달린 선풍기는 가장 느린 속도로 돌고 있다.

진료를 하는 29명의 선생님들과 봉사자 모두가 땀으로 범벅이다. 모두 피곤한 기색이 역력하다. 이 사람들이 우리나라 60년대 어느 마을에 와 있다.

수없이 밀려오는 환자들 때문에 몸을 추스를 겨를이 없다. 허리는 끊어지는 듯 아프고, 종아리에는 팽팽한 힘줄이 섰다. 온 몸이 후줄근하다. 정말로 고생을 안 하려고 해도 안 할 수가 없다.

노인아이의 등줄기에 물골이 생겼다. 이마에는 영롱한 구슬이 달렸다. 지금 등줄기와 이마에 땀을 신경 쓸 겨를이 없다. 한 명이라도 더 많은 사람들에게 4, 50년 전 노인아이가 받았던 사랑의 봉사를 해 주어야 한다.

사랑의 봉사? 서울을 떠날 때 어렴풋이 사랑의 봉사에 대해 생각도 하고 각오도 했지만 사랑의 봉사는 정말로 피곤함과 고달픔이 자동적으로 따르는 모양이다.

그렇다고 사랑의 봉사가 힘들고 어려움만 있는 것은 아니다. 한편으로 새로운 열정과 기쁨도 준다. 몸은 지쳐 가는데 이상하게 마음은 자꾸 상쾌하고 맑아진다. 한 사람이라도 더 치료를 하고 싶은 열정이 생긴다. 왜일까? 이것이 아마도 진정 사랑의 봉사이리라.

사랑의 봉사가 노인아이의 누나를 불러왔다.

55년 전 노인아이의 누나는 장질부사로 죽었다. 그때 노인아이는 누나가 왜 죽어야 하는지 몰랐다. 그러나 지금 와서 생각해 보니 약간의 약과 먹을 것이 있었다면 노인아이의 누나는 살았을는지 모른다. 지금 노인아이가 하는 사랑의 봉사 같은 것 말이다.

부질없이 누나를 생각하던 노인아이 앞에 어린 꼬마 녀석이 발버둥을 치면서 치료를 받지 않겠다고 울고 야단을 치고 있다. 일곱 살이라고 하는데 다섯 살도 안돼 보인다. 꼭 55년 전 노인아이다.

"아이고, 이 녀석아! 지금 치료를 안 받으면 너 평생을 고생한다."

꼬마 녀석 엄마의 닦달과 노인아이 특유의 고함치기 치료법으로 무사히 꼬마 녀석 치료를 마쳤다. 한바탕 씨름을 하고 나니 노인아이는 더위 먹은 사람처럼 멍청하다. 그렇지 않아도 날씨가 더워 죽겠는데 말이다.

다음 환자는 꼬마 녀석의 누나란다. 열 살이란다. 그런데 꼬마 녀석과는 달리 여자아이는 조용히 치료 의자에 눕는다. 무든 것을 체념했는지 아니면 누나이기 때문에 의젓해서 그런지 모르나 꼬마 녀석과는 딴판이다.

치료를 하려던 노인아이는 여자아이의 눈을 보는 순간 왈칵 울고 말았다. 해맑은 여자아이의 눈에서 눈물이 소리 없이 흘러내리고 있었다. 노인아이는 여자아이의 눈물을 보는 순간 알 수 없는 설움이 가슴속 깊은 곳에서 북받쳐 올랐다. 55년 전 맥없이 죽은 누나가 거기에 있었다. 고생만 하고, 동생한데 부대끼기만 하고, 엄마로부터 잘못했다고 매만 맞고, 굶기를 밥 먹 듯 하고, 항상 우선순위 꼴찌였던 노인아이의 누나가 여자아이의 눈물 속에 있었다.

노인아이와 여자아이가 함께 울고 있다.

"누나의 죽음은 장질부사로 죽었지만 사실은 굶어 죽은 거나 마찬가지야. 며칠을 먹지 못하고 있는데 갑자기 염병이 도니 염병에 걸릴 수밖에……."

"누나의 죽음은 내가 죽였는지도 몰라. 먹을 것이 조금 생기면 내가 독차지하고 먹어 버리니 누나는 항상 굶을 수밖에……."

"내 누나는 항상 너처럼 소리 없이 모든 것을 받아들이다 죽었지……."

얼굴을 가린 마스크 사이로 땀과 눈물이 범벅이 되어 흘러내린다. 복받친 회한의 설움이 흐느낌으로 변한다. 진료를 하는 건지 흐느끼는 건지 모르겠다. 여자아이에 대한 치료를 어떻게 했는지 모를 정도다.

노인아이가 그 많은 눈물을 왜 남모르게 흘려야만 했나?

노인아이의 어렵고 못살던 어린 시절의 회한과 어린 나이에 죽은 누나에 대한 그리움이 소리 없이 흘러내리는 여자아이의 눈물 속에서 맑은 샘물처럼 솟아 나온 것이다.

여자아이의 가냘픈 모습은 노인아이 누나의 깡마른 모습이고, 여자아이의 유난히 큰 눈은 누나의 여윈 퀭한 눈이고, 순순히 따르는 모습은 모든 일을 체념한 누나의 모습이다. 이 모든 것이 볼을 타고 내려오는 눈물 속에 엉켜 있다.

더 이상 환자를 볼 수 없는 노인아이는 진료소를 빠져 나왔다. 진료소 밖 역시 진료소 안과 다름없이 후덥지근하고 음습한 무더위가 있다. 진료소 밖에는 안보다도 더 많은 또 다른 여자아이들이 있었다. 여기에도 누나들이 많았다.

흐르는 눈물은 밖에서도 그치지 않았다. 오히려 많은 누나들을 보면서 더 많은 눈물이 났다. 눈물을 감추려고 뒤곁으로 갔다. 얼마를 울었는지 모른다.

“점심시간이니 점심 식사 합시다.”

점심밥이 맛있을 리 만무하다. 깔깔한 점심 도시락을 먹고 있는데 누가 옆에 있다. 때가 꼬질꼬질한 바지에 신발도 안 신고 웃옷도 입지 않았다. 55년 전 노인아이가 거기에 있다. 도시락을 쳐다보는 꼬질꼬질한 아이의 눈은 왜 그리도 큰지…….

"도시락 하나 더 주세요."

이건 절대로 구걸이 아니야! 빌어먹는 것이 아니란 말이야! 하나의 삶이야!

꼬질꼬질한 아이는 오늘 횡재를 했다고 생각할는지 모르나 이것은 그 아이의 횡재가 아니라 노인아이의 횡재다.

그 꼬질꼬질한 아이가 아니었다면 55년 전 자기를 어떻게 알아보았으며 어떻게 지금의 자기를 깨달았겠는가? 참으로 고마운 녀석이다.

고마운 녀석 때문에 자기 자신을 안 노인아이는 이번 여행이 참으로 마음을 짠하게 하는 여행이구나 싶었다. 도시락을 주고 싶어 여자아이를 찾았다. 없다. 여자아이는 누나처럼 운도 없는 모양이다. 힘든 곳에 태어났으면 행운이라도 지니고 태어났어야지. 에이! 지지리도 못난 것!

또 다시 힘겨운 오후 진료가 시작 됐다. 서울에서 같이 온 학생들이 디지털 카메라로 진료 광경을 찍고 있다. 최첨단 노트북도 가지고 왔단다. 디카로 찍어서 금방 인화도 한단다. 같은 시대에 사는 노인아이도 잘 모르는 기계들이다. 디카와 노트북이면 모든 기록이 순식간에 이루어진단다. 신기한 기계들이다. 참으로 간편하고 편리하다.

여자아이와 사진을 찍고 싶다. 노인아이는 급히 밖으로 나가 여자아이와 동생을 데리고 진료실로 왔다.

"학생들! 사진 한 장 찍어 줘!"

여자아이와 동생은 무슨 영문인지도 모르고 왕방울 같은 눈을 하고 신기한 듯 디카를 응시 했다. 디카는 소리도 없이 노인아이와 여자아이를 찍었다. 사진은 여자아이만 찍은 것이 아니다. 죽은 누나도 찍었다. 이 사진은 노인아이와 여자아이 사이에 징표의 사진이기도 하고 노인아이와 누나와의 애틋한 회상의 사진이기도 하다.

이번 사진은 기계로 찍은 디카 사진이 아니라 세월을 거슬러 간 노인아이와 노인아이 누나와 여자아이가 함께 마음으로 찍은 마음의 사진이다.

"찍을 때 흔들려서 사진이 흐리게 나왔어요."

잘 나오면 어떻고 흐리게 나오면 어떠냐? 어차피 마음으로 찍은 마음의 사진인데……. 마음의 사진은 항상 희미하고 뿌옇단다.

사진을 주기 위해 급히 진료소를 나와 여자아이를 찾았다. 없다. 이번에도 운이 없구나.

다음날도 찾았다. 없다. 오늘도 운이 없구나 하고 포기 하는데 오후 늦게 찾아 왔다. 어제 치료 받은 이가 하나도 아프지 않단다. 기분이 좋다. 누나가 웃는 듯하다.

사진을 주었다. 좋아서 어쩔 줄 몰라 한다. 노인아이도 기쁘고 누나도 기쁘다. 새로운 기술로 찍은 마음의 사진을 주면서 노인아이는 여자아이에게 속으로 말했다.

"너는 앞으로 나의 누나처럼 되서는 안 돼."

"이 마음의 징표가 너의 큰 꿈이 되어야 해."

다시 한 번 노인아이는 여자아이의 손을 꼭 잡아 본다.

내일이면 진료 봉사가 모두 끝난다. 지금까지 많은 환자를 봤다. 치과 파트만 250명을 넘게 봤단다. 정말 몸과 마음을 다해 진료를 했다.

그런데 마음은 헛헛하고 공허하고 텅 빈 것 같다. 왜 일까? 몸과 마음을 다해 봉사를 했지만 봉사보다는 또 다른 무엇을 얻고자 했고, 자기 자신을 내 보이기 위해 애를 써서인가? 아니면 4-50년 전 우리가 받았던 혜택을 갚는다는 허울로 오늘의 봉사를 분칠했기 때문일까? 하여간에 어딘가 모자라는 기분이 든다. 정말로 진정한 의료 봉사가 되었는지 의문이 간다. 노인아이는 너무 어렵고 어울리지 않는 고답적인 생각을 하다가 잠이 들었다.

"이제 캄보디아 깜퐁치아에서의 진료 봉사를 마치겠습니다."

"이번 봉사 팀에서 가장 연장자이신 분께서 마지막으로 한 말씀 해 주시기 바랍니다."

의료 봉사 팀 단장님께서 노인아이에게 한 말씀을 부탁했다. 노인아이는 부탁의 말을 듣는 순간 가슴이 꽉 멨다. 세월을 거슬러 간 여행의 활동사진이 주마등처럼 지나간다.

「 전쟁으로 폐허가 된 캄보디아와 사랑의 봉사 」

「 여자아이의 눈물과 굶주림으로 죽은 누나 」

「 이건 구걸이 아니고 삶이란 말이야 」

「 마음으로 찍은 사진은 희미하고 뿌연 거란다 」

「 너는 절대로 나의 누나처럼 되어서는 안 돼 」

「 내 마음의 징표는 네가 꼭 아름다운 꿈을 이루는 거야 」

가슴이 뻥 뚫린 노인아이는 마지막 한 말씀을 끝내 하지 못하고 천장만 바라보며 눈시울만 적시고 있다.

가지나물

엄마가 밥을 짓고 있다.

미리 불려 놓은 보리쌀을 가마솥 바닥에 안치고 그 위에 한 줌도 안 되는 쌀을 얹혀 할아버지 몫을 더한다.

오늘 엄마는 가지나물을 할 모양이다. 텃밭에서 따온 가지 서너 개를 밥솥 안에 넣고 찐다.

난 가지나물이 싫다. 약간 물렁물렁한 식감이 그렇고 보랏빛도 아니고 검은색도 아닌 찐 가지의 거무튀튀한 모양새가 그랬다.

엄마는 찐 가지를 세로로 길게 찢어, 마늘 파 고춧가루를 간장과 들기름에 버무려 무쳐 가지나물을 만든다.

가지나물은 엄마의 주특기이다. 그럴 수밖에 없다. 문밖 텃

밭에는 가지며 파며 고추며 마늘이 널려 있어 손쉽게 구할 수 있고 돈도 안 드니 손쉬운 반찬거리일 게다.

아무리 간단하고 손쉬운 나물이지만은 엄마의 손길은 항상 따듯하고 또글또글하다.

엄마 돌아가신 지 벌써 20년이 지났다.

동료들과 점심을 먹는 자리다. 밑반찬에 가지나물이 나왔다. 옛 어머니가 만들어 주던 그런 가지나물이 아니다. 가지를 깍두기처럼 썰어 찐 것도 아니고 레인지에 데워 온 가지나물이다.

한 친구가 말한다.

“이제는 옛날에 엄마가 해 주시던 가지나물을 먹지 못할 거야”

“요새 부인들이 가지나물을 만들지도 않지만 만들 줄도 모른다고”

“옛날 엄마의 가지나물은 구수하고 달착지근했지, 거기다 들기름 맛은 어떻고…….”

식성이 변했나? 옛 가지나물이 먹고 싶고 그립다.

5년째 인도네시아 해외 무료 진료를 해 오고 있다. 자카르타에서 78Km 떨어진 다다 인도네시아라는 한국계 봉제 공장에서다. 직원이 7000명이란다. 큰 규모의 공장이다. 직원을 위한 기숙사가 있고 식당이 있다.

매번 갈 적마다 오는 사람마다 식당 음식이 한국 음식보다 맛있다고 소문이 자자하다.

배추김치, 깍두기, 깻잎 무침, 고추 장아찌, 감자조림, 오이무침 등등 어느 것 하나 인도네시아 음식과는 다른 순 한국식 반찬이다.

김치찌개, 미역국, 어묵국, 북어국 등등 해외 진료에서 먹을 수 있는 음식들이 아니다. 특히 지난밤 술 먹은 후 아침에 나오는 북어국은 일품이다. 간간이 섞여 있는 매운 청양고추 맛은 국을 시원하고 개운하게 할 뿐 아니라 숙취를 날려 보내고도 남음이 있다. 누구의 솜씨인지 모르나 대단한 손 매무새이고 손재주이다.

오늘은 가지나물이 나왔다.

세로로 찢어서 파 마늘 생강과 진간장에 버무려 나온 가지나물은 지난 어머니가 만들어 주던 그 가지나물이다. 엄마의 손맛이다. 먼 남쪽 이국땅에서 엄마의 손길을 맛보다니 얼마나 행복한가?

남을 도우려 와서 참 엄마의 손맛을 마음으로 느끼며 기뻐할 줄이야 꿈엔들 생각했겠는가?

다다인도네시아 식당 아주머니들 손끝의 마력에 모든 시름이 사그라진다.

봉사가 벼슬이 아닌데

봉사를 하긴 오래한 것 같다.

1974년 학창 시절부터 의료 봉사를 했으니 근 40년이 되어 간다.

1970년대 국내 의료 봉사는 신바람 나는 봉사였다.

농어촌마다 서로 자기네 고장으로 진료를 와 달라고 성화를 했으니 말이다. 정말로 봉사할 맛이 났었다.

요새 국내 의료 봉사는 거의 사라지고 의료보험 때문에 환영도 받지 못한다. 대신 해외 의료 봉사는 종교 단체, 각종 봉사 단체, 여러 의 · 치과 대학교가 서로 가겠다고 벌떼 날듯 난리다.

나라가 그 만큼 잘 살게 되었다는 게다.

그런데 해외 의료 봉사에 대해 말이 많다.

혹자는 말한다.

3-4일의 해외 진료로 무슨 의료 봉사가 되겠는가?

어떻게 3-4일 만에 병을 고친단 말인가?

이는 자신들의 낯내기 봉사지 진정 그곳 사람들을 위한 봉사가 아니다.

이런 봉사는 큰 도움이 안 된다고 말한다.

다른 이는 이렇게 말한다.

3-4일의 봉사가 어때서?

봉사를 안 하는 것보다는 얼마나 더 좋아?

우리의 6.25 때를 생각해 봐.

힘들고 배고프고 아플 때 작은 도움이 우리에게 얼마나 큰 희망이 되었는지를 6.25 경험을 통해 잘 알 수 있잖아?

봉사에 덧칠을 해서는 안 된다.

그냥 봉사 그 자체만으로 큰 뜻이 있는 거다.

어느 말이 맞는지 모르겠다.

사랑 봉사 헌신을 내세운 열린치과의사회 고정 무료 진료 장소 여섯 곳 중 탈북자(새터민)를 위한 진료 장소가 하나원이다.

하나원 진료를 할 때다.

A선생님이 공중보건의로 하나원에 배치됐다.

처음부터 A선생의 진료 태도가 영 마음에 들지 않았다.

시술도 그렇고, 환자 대하는 태도도 그렇고, 봉사 마인드도 그렇고, 모든 것이 껄끄럽고 거슬리기만 했다.

그러던 어느 날 환자는 보지도 않고 아이와 노닥거리는 A선생을 보고 마침내 감정이 폭발하고 말았다.

"A선생! 다음부터는 열린치과의사회 진료에 나오지 마세요!"

"왜요? 선생님이 뭔데 하나원에 배치된 공중보건의를 나와라 마라 하세요?"

"뭐라고! 하나원에 배치된 공중보건의라고? 에이 썅! 나오지 말라면 나오지 않는 거지! 왜요가 뭐야! 나올 자격이 없어! 뭐 이런 게 다 있어! 썅!"

흥분한 나머지 손이 부들부들 떨리고 숨이 가빠왔다. 얼굴이 창백했다.

며칠 동안 잠을 못 자고 분을 삭여야 했다.

한 달이 지났다.

하나원 진료를 다시 가니 A선생님이 사과를 한다.

A선생님의 진심에 흥분은 사라지고 제정신이 아니었던 전의 모습이 후회스럽고 미안하다.

하긴 그렇다.

봉사를 하는데 누가 누구에게 자격을 주고 등급을 매긴단

HOW Korea Medical Team, Yollin Dental Society
2010 베트남 의료봉사
Thai Nguyen, VIETNAM
2010. 7. 29 ~ 8.

말인가?

봉사는 마음의 자리매김인 것을…….

열린치과의사회와 H의료봉사단이 해외 진료를 간단다.

H의료봉사단과 지난 2년간 캄보디아, 베트남으로 해외 진료를 개인적으로 간 일이 있어 친근하다.

이번에는 열린치과의사회와 H의료봉사단이 단체 대 단체로 해외 진료를 간다.

두 단체가 같이 떠나니 해결해야 할 문제점이 많다.

출발 날짜, 비행기 표 구매, 호텔 등 숙소 문제, 단장 선정 문제, 차후 정산 문제 등등.

이런 문제들이 모두 서로의 자존심과 관련된 일이다.

다년간의 해외 의료 봉사 경험을 가진 H의료봉사단 입장에서는 자신들의 주장을 열린치과의사회가 따라주기를 바라고, 해외 봉사가 처음이기는 해도 조직적인 면에서나 재정적인 면에서 H의료봉사단보다 우위에 있다고 생각하는 열린치과의사회에서는 이를 받아들이기 힘들다.

"열린치과의사회와 H의료봉사단은 대등하게 일을 해야 해."

"비행기 티켓팅도 독자적으로 할 수 있지."

"열린치과의사회 회장은 당연히 공동 단장이 돼야지."

결국 H의료봉사단에서 일하기가 너무 힘드니 각자 가자는 말이 나왔다.

열린치과의사회에서도 그러면 그렇게 하자고 했다.

어처구니없는 일이 일어났다.

오염된 자존심이 봉사를 망치고 말았다.

쓸데없고 부질없는 똥배짱 때문에, 지기 싫어하는 조그만 승벽내기 때문에, 끝까지 이겨보려는 좁은 속 때문에 참 봉사를 하지 못하고 좁쌀알 같은 좀생이 봉사가 되고 말았다.

40년 가까운 봉사활동이라는 소반 위에 반성, 후회, 아쉬움을 올려놓고 말한다.

"봉사가 벼슬이 아닌데……."

봉사의 맛 (제4차 인도네시아 진료)

2012년 3월 10일부터 13일까지 인도네시아 자카르타 서남방 78Km 떨어진 곳에서 제4차 해외 진료를 했다.

3월 10일 6시 일어났다. 이미 비행기에 부칠 수하물을 모두 정리해 놓았는데도 일찍 잠에서 깼다. 이번이 처음이 아닌데 마치 처음 떠나는 봉사 같다. 해외 봉사는 언제나 마음을 들뜨게 한다.

8시 20분 탑승 수속을 했다. 인도네시아 가루다 항공이 대한항공보다 운임이 10만원 정도 저렴하다. 자주 해외 봉사를 가다 보니 경비가 좀 신경 쓰인다.

지난 12월 제3차 해외 진료 때는 성수기여서 요금도 비쌌을 뿐 아니라 수하물을 부치는데도 힘들고 수속이 빽빽했다.

진료소 옆에 있는 작은 이슬람 사원

이번은 비수기라 모든 일이 순조롭다.

자리 배정도 편안한 20번대 좌석이다. 만석이 아닌 듯하다. 7시간 이상 비행을 하는 장거리 여행에서 편한 좌석을 얻어 참 다행이다.

자카르타 공항 여권 수속이 까다롭기로 소문이 나 있는데 가루다 항공을 타니 입국 수속을 비행기 안에서 해 편리하다.

3월 11일 아침 4시 이슬람 아잔 기도 소리에 잠을 깼다. 인도네시아의 이슬람 사원은 우리나라 교회처럼 동네 한가운데에 있다. 어떤 것은 가정집처럼 허술하고 작다.

오전 7시부터 첫 진료를 했다. 이번에도 전과 같이 보철 치료를 중심으로 진료를 할 예정이었다. 그런데 모인 환자들의 숫자가 장난이 아니다. 약 100여 명은 될 성싶다. 혼자서 이 많은 환자를 다 볼 수 있을까? 어려울 것 같다. 반 이상을 돌려보냈다. 점심도 제대로 못 먹고 저녁 6시까지 정신없이 환자를 보았는데도 48명밖에 못 봤다. 열심히 본다고 했는데 돌아간 환자들을 생각하면 미안한 생각이 든다.

이곳 환자들의 특징은 석회석 물 때문인지 치석이 많이 침착 돼 있고, 대체적으로 치아 뿌리가 한국인에 비해 약

2-3mm가 길다. 따라서 이를 뽑는데 힘이 많이 들고 뽑기가 어렵다. 치석이 많고 구강 상태가 불결해 손실 된 치아가 많다. 젊은 나이에 이가 없어 식사를 제대로 못하고 고생을 하는 모습을 보니 안타깝기 그지없다. 최선을 다해 식사를 할 수 있게 하고, 용모와 미용에도 신경을 써 심미적인 효과를 발휘하도록 힘을 썼다.

치아가 하나도 없는 환자에게는 틀니를 만들어 주고, 앞니가 빠진 환자에게는 도자기로 만든 값비싼 이를 해 줬고, 앞니에 충치가 있는 어린 아이에게는 치아색깔이 나는 레진 충

전을 했다.

11일 12일 양일간 전에 본뜬 25개의 도자기 보철를 끼워 주었으며, 틀니 6개를 만들어 주었고, 62 케이스의 발치를 했고, 새로 33개의 도자기 보철을 위해 본을 떴다.

약 2500만원 상당의 진료를 했다. 이는 돈의 문제가 아니고 78명의 환자가 앞으로 즐겁게 밥을 먹을 수 있고, 아름답게 웃을 수 있으며, 좀 더 건강한 모습으로 활력 있게 생활을 할 수 있다는 것이다.

12일 23시 30분 비행기는 장장 7시간의 비행을 위해 자카르타 공항을 이륙해 인천공항으로 향한다.

피곤해도 뭔지 모르나 좋다.

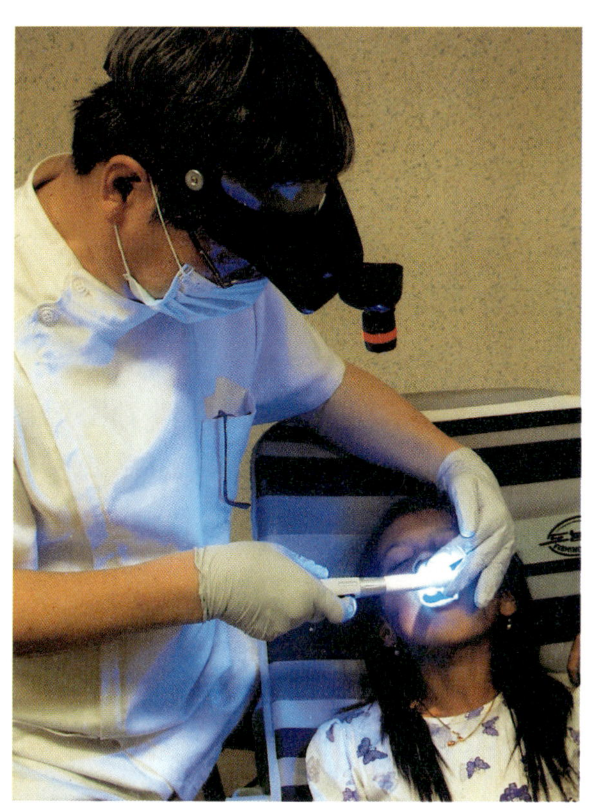

설립 취지문

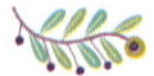

열린치과의사회 발족 발기인들은 다음과 같은 뜻과 마음으로 열린치과의사회 발족의 취지를 가다듬고자 한다.

열린치과의사회는 천년의 끝자락에서 지난 세기의 부족했던 사랑, 봉사, 헌신을 새로운 천년에 꽃피우기 위해 열린 마음을 펼치고자 한다.

자아도취와 자기중심으로 이웃과 화합하지 못했던 지난 천년의 굴레를 벗어나 너와 내가 하나 되는 화합의 마당 터를 만들어가겠다.

자연을 두려워하고 자연에 순응하면서 깨끗하고 맑은 주위 환경을 가꾸고 키워 나가는데 모든 이의 마음을 모으겠다.

닫힌 전문 치과인의 마음을 문학, 사회, 경제, 사법, 종교

등 다방면의 사람들과 만남의 장을 마련하여 우리의 닫힌 마음을 열도록 노력하겠다.

누구도 돌보지 않는 다수의 소외된 이와 고통을 함께하고 나누어 새로운 천년에는 그들에게 보람된 삶의 지평을 열어 주도록 하겠다.

우리는 의연히 불의와 부정을 막는 파수꾼으로 어느 특정 세력에 기울지도 않고 권력을 추구하지도 않을 것이다.

바르고 깨끗한 열린 마음으로 우리 치과계에 새로운 바람이 되어 새로운 천년에 자신을 불사르는 밀초가 되겠다.

1999년 11월 30일

열린치과의사회 발족 발기인 일동

자원봉사의 값

봉사에 값어치를 매기는 것이 우스운 일이고 멋쩍은 일이다. 자원봉사라 하면 자신이 스스로 응해서 남을 돕는 일인데 값어치를 매겨 본인의 뜻을 흐트러 뜨리고 낮춘다면 자원봉사의 참뜻을 헤아리지 못하는 처사라 하겠다. 따라서 자원봉사에 값어치를 매기는 일은 잘 못 된 일이다.

그렇다고 해서 자원봉사의 값이 어처구니없이 싸게 평가되어 세인의 무관심 속으로 파묻히게 되면 이 또한 바람직하지 못한 일이다. 사실 자원봉사 하는 사람들은 자신의 일이 밖에 나타나 넓게 퍼지는 것을 바라지 않고 묵묵히 자신의 일만을 할런지 모른다. 또 자원봉사자 스스로 자신의 봉사 사실을 남에게 알리지 않고 숨기려고 할는지도 모른다.

자신이 한 일을 남에게 알리지 않고 묵묵히 봉사만 한다고 해서 자원봉사 자체를 없었던 것으로 하고 무시하고 인정을 안 한다면 이 또한 잘못된 일이다.

그렇게 보면 자원봉사에는 일정 한도 내에 값어치가 존재하고 이를 우리가 인정하고 이에 합당한 값어치를 매기고 대우해 주어야 하는 것이 옳은 일이다.

그러면 어떠한 기준에 입각하여 자원봉사의 값어치를 매겨야 하나?

자원봉사자 자신은 봉사 자체만으로 기쁘고 즐거운 일이기 때문에 기쁨과 즐거움만으로 자원봉사의 값어치는 충분하다 할 것이다. 또 남으로부터 자신의 봉사가 가치 매겨져서 값어치의 높고 낮음에 시비되는 것을 싫어할는지 모른다. 자원봉사의 값어치라는 것은 무형의 마음속에 있는 것이지 질량적으로 수치화할 성질이 아니다.

그렇다고 자원봉사의 값어치를 매기는 기준을 자원봉사 자신에게만 받기고 나 몰라라 한다면 사회적 직무유기인 것이다. 사회적 인정기관이나 정부기관에서 나서야 한다.

특히 정부에서는 자원봉사의 필요성과 타당성을 널리 홍보하여 사회적으로 자원봉사의 폭이 넓게 퍼져나가고, 사회 분위기가 자원봉사 쪽으로 가도록 힘쓰고 지원을 해야 한다.

자원봉사자에게 더욱더 힘이 되고 자신 스스로 느끼기에

정부의 지원이나 격려가 자원봉사를 하는데 큰 도움이 됐다는 느낌을 가지게 해야 한다.

그러니까 자원봉사의 값어치는 봉사자 자신의 기쁨이나 즐거움도 중요하지만 사회적 공공기관이나 정부기관의 지원과 도움이 더욱 빛이 난다고 할 것이다.

그런데 현재 치과분야의 자원봉사에 대해 주무관청인 보건복지부에서 얼마나 많은 배려와 관심을 가지고 있느냐 하는 것이다. 아마도 자원봉사자나 자원봉사 단체가 얼마나 되는지 파악을 하고 있는지 궁금하다. 정부의 공무원들은 1년에 한번 정도 각 부처마다 정부에서 주는 훈포장을 받는다. 그런데 치과분야 자원봉사로 정부로부터 훈포장을 받았다는 소식을 들은 지 오래다. 사실 알게 모르게 치과계에는 소외된 계층을 위해 남모르게 무료 치과 진료를 하는 분이나 단체가 많다. 우리 치과계 스스로 내놓고 말하기는 쑥스러우나 이제는 우리도 우리가 한 만큼의 지원과 대우를 받고 싶고 정부 차원에서도 사회적 참뜻 확산을 위해서도 숨은 치과계 자원봉사자나 단체를 발굴하고 찾아내 격려하고 지원할 필요가 있다 하겠다.

우리 치과계는 정부의 훈포장을 바라서가 아니라 앞으로 치과계의 위상을 높이는 차원에서 자원봉사의 폭을 넓히고 자원봉사의 값어치를 일깨울 필요가 있다.

남을 의식하지 말고 묵묵히 자원봉사를 하다 보면 우리를 알아줄 때가 올 것이다. 현재가 어렵다고 실망하지 말고 지금까지 해온 자원봉사를 지속적이고 강렬하게 전개해 나가야 하겠다.

초상화 (베트남 의료봉사)

그래 아주 더운 날이다.

습도는 왜 그리도 높은지 …….

가만히 있어도 땀이 비 오듯 한다.

이런 날에 베트남 타이웅엔성 옌락 마을로 의료 봉사를 갔다.

주위 풍경이 강원도나 경상도 산간 지역 오지의 모습을 그대로 옮겨 놓은 것 같다.

차 한 대가 간신히 가는 도로다.

행여 맞은편에 자동차나 물소 떼나 오토바이와 마주치는 날에는 옴짝달싹 못하고 그 자리에 멈추어 서야만 한다.

굽이쳐 돌아가는 모퉁이마다 상대편에게 자신을 알리는 경

적을 수없이 울려야 한다.

여덟 살 때이었으리라 …….

경상도 거창에서 김천으로 나올 때, 좁고 심한 커브길 때문에 덥고 비좁은 버스 안에서 고장 난 경적 대신 고래고래 소리치면서 위험한 길을 지났던 기억이 난다.

어허~! 지금 그 길을 가는구나!!

면面 이라고 하나 살림집이 대여섯 채뿐이다.

다행히 인민위원회 건물이 반듯하게 있어 면 소재지려니 생각이 든다.

그 옆에 면 보건소가 있다.

이곳이 바로 우리가 의료 봉사를 할 곳이다.

1975년도만 해도 우리나라에는 무의면無醫面이 많았다.

충청도 음성에도 무의읍無醫邑이었으니 다른데 무의면은 말할 것도 없다.

지금의 옐락면이 35년 전 우리나라의 면面이다.

좁은 옐락 보건소 마당에 250명이 넘는 주민이 모였다.

다섯 살배기 애부터 70고령에 이르기까지 한 무리의 군상이 밀물처럼 몰려온다.

혼잡하고 어지러운 인간 군상 더미 속에 우리의 옛 초상화가 있다.

어허~!

몇 살인지 모르겠으나 이 꼬마 녀석은 감기에 걸렸나 코를 질질 흘리고 있군.

그래도 맑고 대견하네.

우리에게 코찔찔이라는 별명은 아주 흔한 별명 중에 하나이고 친숙한 친구 중에 하나다.

그 많던 코찔찔이들이 지금은 무엇을 하고 어떻게 지낼까……?

나도 저 아이 때는 삐쩍 마른 코찔찔 이었으니까.

어떻게 하다 눈이 저렇게 됐지?

마치 밀가루 눈을 손으로 눌러 놓은 방개 눈이네.

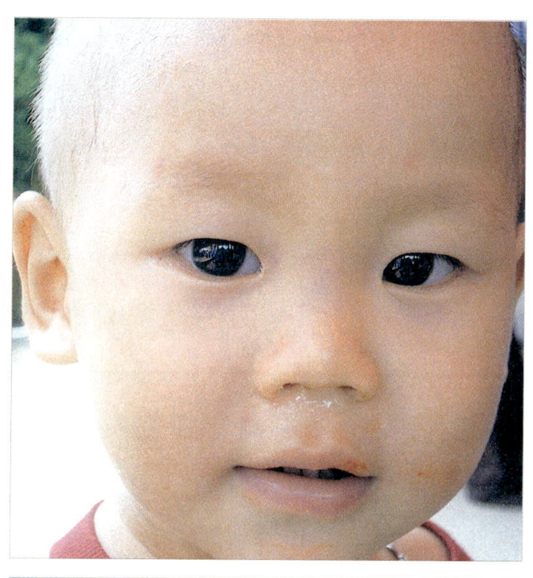

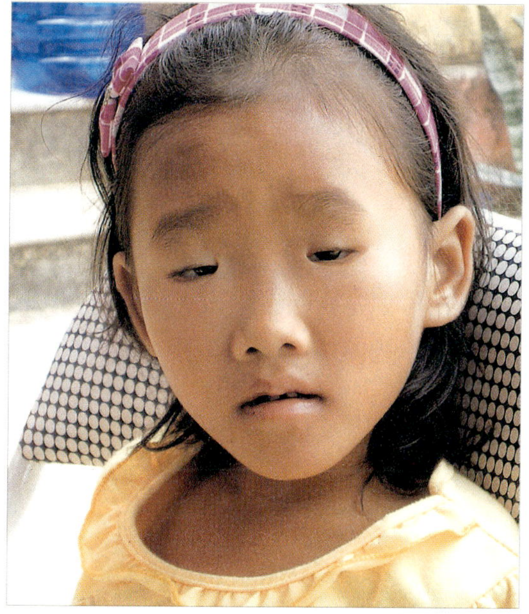

불쌍한 아이 같으니 …….

영양실조 때문일까?

아무리 영양실조라 해도 이 아이에게 하늘이 내린 병은 아니겠지!

사람들의 잘못으로 저렇게 만들어 놓고 아닌 양 무심히 나 몰라라 하는구나.

괘심한 사람들 같으니!

새 종아리에, 복어 배에, 털 빠진 닭대가리 같은 땜통 머리에, 부스럼 덩어리에, 눈곱으로 덮힌 눈 …….

이 모습이 40년 전 우리의 참모습이다.

그때 사람들은 이렇게 말 하곤 했다.

"그 모양으로 사느니 죽는 게 낫지."

나쁜 사람들 같으니!

그래도 그 아이들이 자라서 지금 여기에 와, 다시는 나쁜 일이 일어나지 않기를 바라며 의료봉사를 하고 있다.

깜박깜박하는 형광등처럼 끊길 듯 끊길 듯 끊이지 않고 이어지는 우리들의 자화상이 가마솥같이 찌는 보건소 마당에 점점이 놓여있다.

뻐드렁니가 입술 밖으로 나와 세상 구경을 하는 사람.

무슨 약초를 먹었는지 이와 입이 온통 새까만 소수민족.

누런 얼굴에 부기가 가득한 병색의 중년 부인.

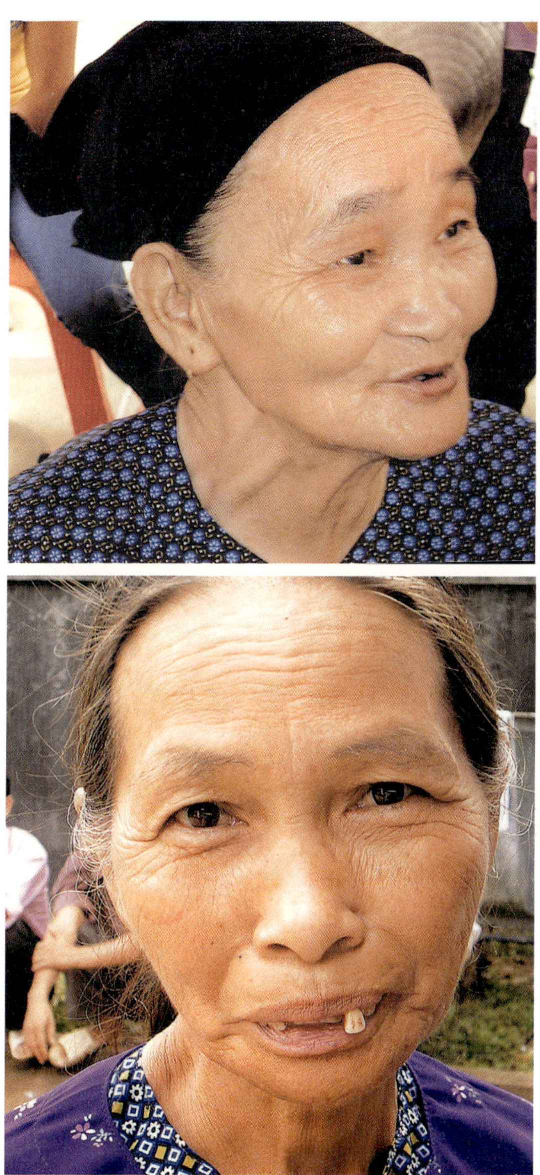

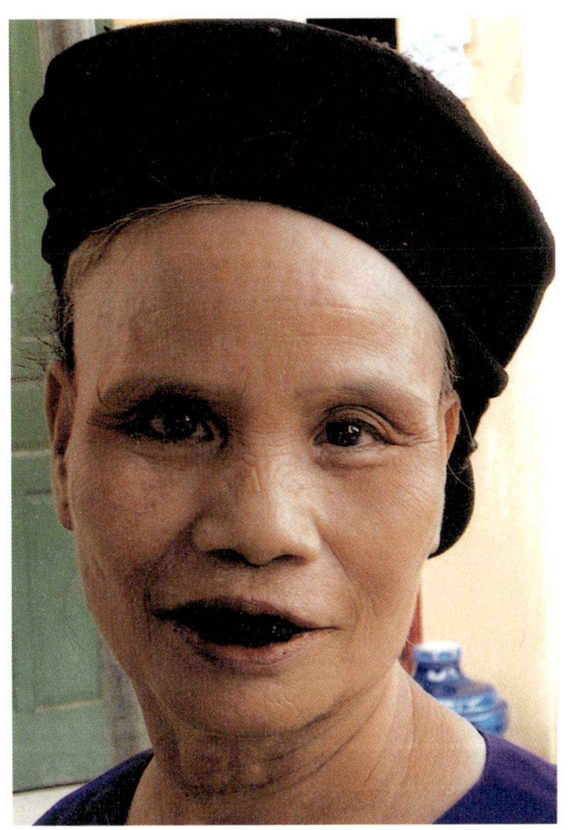

자경대自警隊라는 아저씨의 깡마른 얼굴 모습.

자신과 관계된 사람을 치료 받게 하려고 이리저리 야바위꾼 노릇을 하는 펑퍼짐한 무대뽀 아줌마.

이가 다 빠져 볼이 쭈그렁해진 꼬부랑 할머니의 슬픈 눈…….

강냉이 배급을 주는 날이다.

명필이 엄마가 배급 반장에게 가, 무언가 속닥속닥하더니 강냉이 한 포대를 뒤로 가져간다.

명필이 엄마는 나쁜 사람이다.

자기만 배 부르려고 한다.

다른 사람은 생각지도 않는 것이다.

무대뽀 아줌마와 명필이 엄마가 어쩌면 저렇게도 꼭 같은지. 하~하~하~!!!

어지러운 초상화 속에 옛것을 잊고 지금의 나를 찾아보려고 비지땀을 흘린다.

의료 봉사에는 무대뽀 아줌마나 명필이 엄마를 구분할 필요가 없다.

어려운 때에는 너에게도 나에게도 생길 수 있는 일이다.

치아가 없어 식사를 못하시는 할아버지 할머니에게 무치악 틀니 20개, 유치악 틀니 20개, 일반 치과치료 350명 등등 우리 나름대로 의료 봉사를 했다.

우리가 시술한 내용을 금액으로 환산 하면 6-8천만 원이 된단다.

의료 시설이 열악한 이곳 사람들에게는 큰 도움이 되리라 생각된다.

그러나 지금의 우리 의료 봉사가 옌락 사람들에게 얼마 만큼에 큰 삶의 행복이 되었는지 알 수 없으나 과거 우리가 받았던 도움과 견주어 보면 다소 부끄러운 생각이 든다.

아마도 우리가 지금 하는 의료봉사도 전에 받은 감사의 보상이 아닐까 ……?

과거 우리는 여러 가지 도움을 받았다.

우유 가루, 껌, 밀가루, 빵, 헤진 군복, 밑창 없는 워커, 심지어는 꿀꿀이죽까지 …….

떡볶이를 준비했다.

떡볶이가 제2의 간식이 된 우리에게 그 맛이 저들에게도 맞을지 모르겠다.

그런데 지금의 옌락 사람들이나 과거의 우리나라 사람들이나 다를 바가 없다.

좀 더 먹으려는 다툼이 심하다.

매울 텐데 하나라도 더 먹겠다고 내미는 손이 안쓰럽다.

베트남 전쟁이 끝난 지도 35년이 됐다.

한국 전쟁이 끝난 지 57년이 됐다.

두 나라는 전쟁의 폐허 속에 태어난 나라다.

두 나라가 서로 쳐다보면 자신의 모습을 볼 수 있다.

베트남은 한국이 앞으로의 자화상이 될 것이고 한국은 베트남이 과거의 초상화가 될 것이다.

지금 우리의 의료 봉사도 50년 전 우리가 받았던 혜택을 베트남에 나누어 주고 있는지 모른다.

받는 나눔과 주는 나눔의 형평이 이루어지고 있다.

무덥고 찌는 가마솥 날씨에 의미 있는 봉사 활동을 하면서 앞으로 베트남은 어떻게 될까 하는 생각을 해 본다.

나는 믿는다.

베트남은 밝다.

언젠가는 지금 우리와 같이 남을 도우며 지금의 우리와 같은 초상화를 그릴 것이다.

왜~! 어째서~?

다음 사진이 말해 주니까 ······ !

의료 봉사 중 몸은 지치고 괴로워도 가슴에 무언가를 가득 담고 마칠 수 있는 힘은 해맑은 눈동자의 미소가 있기 때문이다.

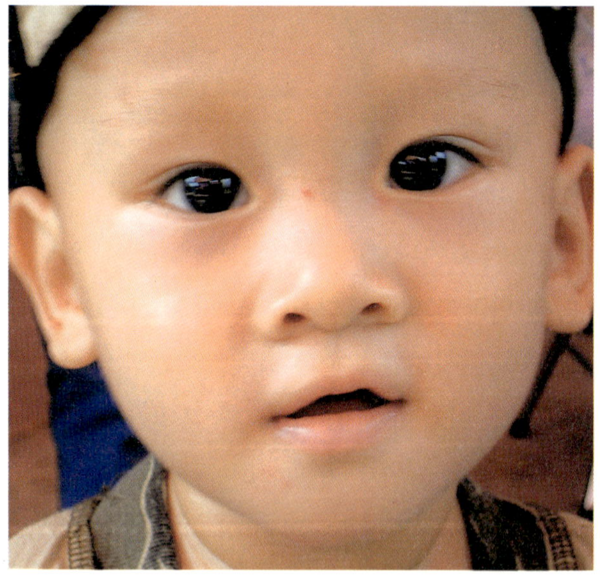

하느님 감사합니다

난 하나님보다 하느님이 좋다.

하나님은 한 분이시다.

예수님, 부처님, 알라신, 시바신이 하나님일 수 있다.

그러나 하느님은 하늘 어딘가에 계시기도 하고, 내 마음 속에 있기도 하고, 큰 나무 등걸 아래에도 계시고, 부엌 봉당 한 구석에 있기도 하고, 장독대에 놓인 맑은 정한 수 한 그릇에도 있다.

하느님에게는 정情이 있고, 마음이 있고, 가슴을 뭉클하게 하는 무엇이 있고, 언제 어디서나 품어 주고 어루만져 주는 게 있다.

그래서 기대고 싶고, 같이하고 싶고, 의지하고 싶고, 허물

을 털어 놓아도 나무라지 않고, 보듬어 줄 것만 같다.

항상 고맙고, 의논하고, 떼쓰고, 응석 부리고, 울면서 하소연 하고, 속내를 털어놓고, 웃으며 감사도 한다.

첫째로, 하느님께 감사 할 것은 내가 남을 위해 의료 봉사를 할 수 있다는 거다.

먹지도 못하고 입지도 못하던 시절에 보지도 못하고 알지도 못하는 한 외국인의 도움으로 질병의 아픔과 고통을 이겨내 지금의 나를 만들고 나 또한 알지도 못하고 보지도 못한 이에게 의료 봉사를 할 수 있으니 이 얼마나 기쁘고 고마운 일인가?

하느님 감사 합니다.

둘째로, 하느님께 감사드리는 것은 내가 돈을 많이 벌지 못했다는 거다.

사실 돈이 많으면 좋다.

죽어가는 사람도 살릴 수 있고, 벼슬도 살 수 있고, 명예도 얻을 수 있으며, 예쁜 여자도 취할 수 있고, 안 되는 일도 돈으로 억지를 부려 해결을 보기도 한다.

돈이 많아 형제간에 싸움이 나고, 부부가 갈라서고, 자식 부모 간에 소송이 걸리고, 이웃 간에 살인이 난다.

또 갑甲질도 한다.

하느님은 항상 나에게 쓸 만큼의 돈을 주었다.

더하지도 않고 덜하지도 않게 좀 모자란 듯 주셔서 싸우지도 않고 다투지도 않으며 슬기롭게 살아갈 수 있게 하셨다.

하느님 감사합니다.

셋째로, 건강을 주신 거다.

병원 개업을 한지 벌써 40년이 됐다. 날짜로 계산하니 14,600일이다.

만사천육백 일 동안 한 번도 아파서 병원을 비우거나 결근하지 않았다.

그리고 보니 내 나이가 칠순이네.

고희古稀가 됐다는 거다.

초등학교, 중 고등학교를 다니면서 다른 상은 몰라도 개근상을 탄 것으로 봐 그 때에도 건강했던 모양이다.

이처럼 칠십 평생을 건강하게 살 수 있게 해 주신 하느님! 고맙고, 고맙고, 고맙습니다.

하느님 감사합니다.

하느님!

지금까지 아껴주시고 보살펴 주셨는데 한 가지 부탁드리고 싶은 게 있어요.

제가 늙어 병이 생겨 오랫동안 병원이나 요양원에 있게 하지 마시고, 연명 치료로 주위의 사람들에게 고달픔을 주지 않게 해 주세요.

가능한 짧은 시간 내에 죽게 해 주세요.
하느님 감사합니다.

'힘' 이어라

이슬람교 첫 예배 소리인 파스로의 아잔소리에 눈을 떴다. 새벽 4시 30분이다. 아마 이 시간이 가장 신선하고 힘이 샘솟는 시간인가 보다.

인도네시아 자카르타 남쪽 78Km 떨어진 사당지역으로 의료봉사를 간 첫날 새벽에 울려 퍼진 코란 기도 소리다.

익숙지 않은 우리에게는 귀에 거슬리고 피곤한 몸에 짜증이 났다. 이 기도가 모든 이슬람교도라면 의무적으로 하루에 다섯 번씩 하는 기도 중 첫 번째 기도란다.

우리에게 이슬람교 하면 중동이 생각나고 중동 하면 전쟁과 테러가 떠오를 정도로 이슬람교에 대해 무지하다. 또 이슬람교 하면 한 손에는 코란, 다른 손에는 칼을 든 호전적 종교로 각인 되어 있다.

그런데 이른 새벽부터 밤늦게까지 다섯 번씩 인류의 평화와 안녕을 위해 기도를 한다니 좀 혼란스럽고 이해하기가 힘들다. 그러나 60억 세계 인구 중 11억 인구가 이슬람교도라니 우리가 이슬람교에 대해 너무 무관심하고 몰이해했던 게 아닌가 생각 된다.

특히 인도네시아 이슬람교는 인도네시아 인구(2억5000명)의 88%를 점하고 전체 이슬람교도 중 10%가 넘는 1억5000명이라고 하니 인도네시아 이슬람교야 말로 세계적 종교이고 잘못 된 우리 생각을 바꾸어야 할 종교 인식이다.

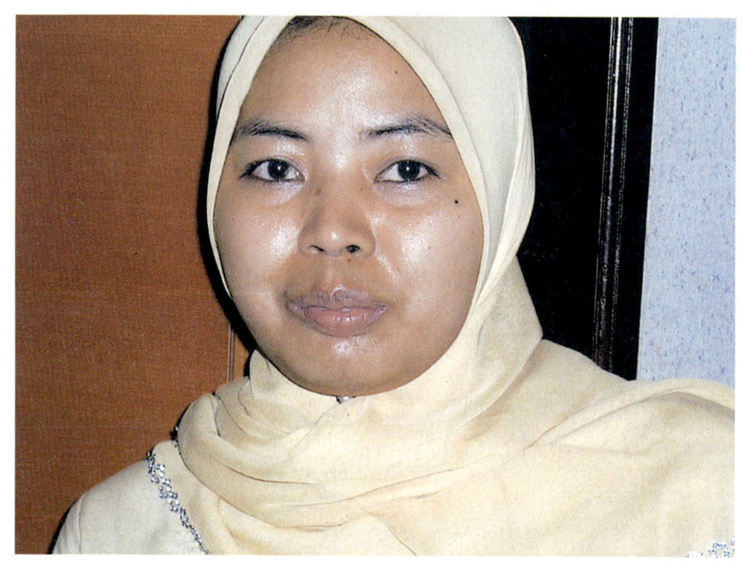

또한 인도네시아 이슬람교는 중동의 근본원리주의자와는 달리 다소 자유스럽고 개방적이어서 여자들의 히잡도 중동의 차도르와는 달리 자유분방하게 착용하고 있다. 하여간에 인도네시아 이슬람교는 인도네시아의 정신적 문화적 사회적 정치적 힘이다.

해외 진료를 위해 우리가 도착한 곳이 사당지역에 진출한 '다다 코리아'라는 한국기업이다.

'다다 코리아'기업은 20여 년 전 이곳에 진출해 모자를 만들다 지금은 니트를 주로 만드는 사당지역의 중견 기업이다. 직원 수가 7,000명이 넘고 제봉 대수가 3,500대가 넘으며 한

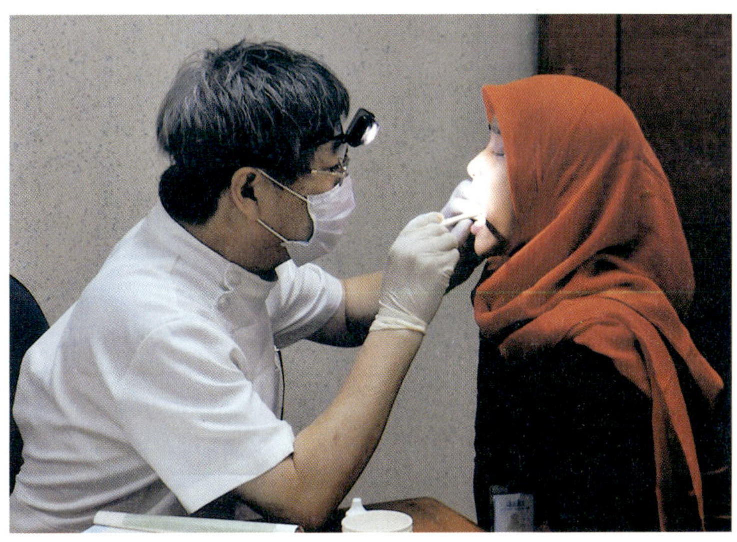

달 인건비가 2억 원이 넘는다고 한다.

한국인의 긍지와 근면함이 엿보이는 곳이다. 인도네시아 사당지역에서 '다다 코리아'는 지역 경제의 중심이고 향후 인도네시아 발전의 큰 힘이다.

60-70년대 한국의 모습을 '다다 코리아'에서 새롭게 보면서 60-70년대 우리 누나들의 애환과 희생의 힘을 한 부분 적어 본다.

"내 누나는 중학교도 나오지 못했다.

매일 대우실업에 나가 봉제 일을 해야만 했다.

하루의 끼니가 걱정이니 학교는 엄두도 못 냈다.

그래도 집안에 아들 하나는 공부를 시켜야 한단다.

난 누나의 희생과 덕분에 대학을 나왔다.

그때 난 누나의 힘이 무엇인지 몰랐다.

다만 그러려니 했다.

누나의 힘은 여기서 끝나지 않았다.

학벌도 없고 돈도 없으니 평범한 사람과 결혼을 할 수밖에…….

결혼생활 역시 힘들고 빠듯하기는 매 일반이다.

그래도 네 아이를 모두 대학에 보냈고 지금은 중견 회사에 간부급으로 있다.

그러는 동안 내 누나는 7순을 넘어 8순을 바라본다.

내 누나에게는 어떤 힘이 있었단 말인가?”

의료 봉사 둘째 날 아침 7시, ‘다다 코리아’ 정문에 7,000명의 인도네시아 누나들이 몰려오고 있다.

해외진료봉사는 환자수와의 전쟁이다.

몰려오는 환자들에게 어떻게 하면 한 사람이라도 더 진료를 볼 수 있을까가 문제이다.

이곳 환자들의 구강 상태는 말로 형형하기가 힘들다. 구강 내 치석이 치아 전체를 도배한 것 같고, 형태학적으로 치아 뿌리가 2-3mm 길어 발치하기가 여간 힘든 게 아니다.

그래도 앞으로 인도네시아의 힘이 될 누나들이니 정성을

다해 진료를 할 수밖에 없다.

진료 환경은 다른 곳에 비해 양호하였으며 큰 어려움 없이 편안한 상태에서 진료를 할 수 있었다. '다다 코리아'의 배려가 컸다.

4박 5일간의 진료에서 320명의 환자를 보았고 29개의 틀니를 만들어 주었다. 불모의 지역에 새로운 진료를 함으로써 열린치과의사회의 힘을 인도네시아 누나들에게 나누어 주었다.

참된 '힘' 이어라!

제3부

길 따라, 물 따라, 산 따라

북한 방문기

평양 가는 길

* 2002년 5월 17일 *

5월 17일 평양을 가기 위해 10시 30분 인천공항에서 북경행 비행기를 탔다. 사실 이 비행기를 타기 위해 얼마나 많은 우여곡절이 있었는지 모른다. 원래는 4월 22일에 출발하기로 되어 있었다.

그러나 북한의 아리랑 축전 때문에 출발 3일 전인 7월 8일로 연기가 되고 말았다. 이 연기 또한 수차례에 걸친 연기 중 하나다. 그래서 이제는 북한 가는 것을 포기해야 할 처지였다. 그런데 북한의 조선민족경제협력련합회(민경련)에서 다음과 같은 팩스FAX가 왔다.

"우리가 5월 6일부 팩스에서 통지했지만 대표단 초청 수속을 빨리 진행하여 최대로 앞당겨야 그 날자가 5월 25일입니다.

전번에 귀측에서 제시한 CT관련 6명 인원에 한해서 이미 수속이 진행되고 있는 만큼 방문 기일을 5월 25일부터 6월 1일 사이로 예견해 주시기 바랍니다."

그래서 방문 일자를 5월 25일자로 마음을 먹었다. 그런데 또 다음과 같은 팩스가 왔다.

「 한민족복지재단 앞

조선민주주의인민공화국 민족경제협력련합회는 경제협력사업을 협의하기 위하여 귀 대표단이 편리한 시기에 공화국을 방문하도록 초청합니다.

련합회는 해당 기관이 공화국 체류기간 모든 편의를 제공하며 신변 안전과 무사 귀환을 보장한다는 것을 알리는 바입니다.

조선민주주의인민공화국 민족경제협력련합회

주체91(2002)년 5월 11일 」

이 초청장을 통해 5월 18일부터 5월 25일 까지 북한 평양을 방문하게 되었다. 그러니까 1주일이 앞당겨진 것이다. 막상 결정이 나고 나니 마음이 허탈해 졌다. 그러나 이것이 전부가 아니었다.

북경에 있는 북한 영사관에서 북한 비자를 받아야했다. 그래서 오늘(17일) 북경행 비행기를 탄 것이다. 마음속으로는 김포공항에서 직접 평양으로 갔으면 얼마나 좋을까 하는 생각이 들었다.

* 2002년 5월 17일 오후 3시 *

한민족복지재단 북경 지사 직원의 도움으로 북경에 있는 조선민주주의인민공화국 영사관을 생전 처음 들어갔다. 입구에는 중국 공안원이 여권을 검사한 후에 정문을 들어가게 하였다. 정문을 들어서면서, 우리 영사관에 탈북자들이 침입하던 모습이 생각나서 나도 모르게 뒷골이 당기는 느낌이 들었다. 그러나 외견상으로는 극히 한가롭고 평화스러웠다. 영사관 입구에 들어서니 정면에 김일성 주석과 김정일 국방위원장이 백두산을 배경으로 한 대형 그림이 있었다. 옆으로 들어가니 약간 어둠침침한 다소 큰 홀이 나왔다. 그 곳에는 북한 방문을 위해 비자를 받고자 하는 사람들이 10여명 있었다. 그 중에는 남한 사람들도 있었는데 대부분 아무 말도 하지 않고 긴장되고 경직된 모습이었다.

한편에는 외국인들이 수속을 하고 있었다. 그들은 대체로

화기애애하고 말도 많았다. 북한 영사관 여직원인 듯 한 예쁘게 생긴 여성이 유창하게 영어를 하면서 수속을 도와주고 있었다. 아마도 아리랑 축전 참관을 위해 가는 외국인인 듯했다.

왜 우리는 같은 민족이면서 말도 재대로 못하고 숨을 죽이고 있어야 하는지 안타까웠다. 숨을 죽이고 있을 수밖에 없었다. 행여 잘 못 되어 비자가 안 나오면 3일을 북경에 지체해야 하기 때문이다.(북경-평양 비행기가 매주 화요일과 토요일 뿐이기 때문이다) 또 완전히 비자가 거부 되어 서울로 돌아 올 수도 있는 것이다. 그러니 순한 양처럼 조용히 있을 수밖에 없다. 참 안타까운 일이다.

"비자 요금이 미화 45불입니다. 45불 씩 주시요."

비자가 나왔다는 신호다. 휴 하는 센 바람이 목구멍을 지나쳐 나왔다. 이제는 정말로 평양에 가는구나! 나 홀로 평양의 모습을 그려보았다. 깨끗하고 아름다운 우리 북한의 모습을 말이다.

북한의 비자는 우리 여권에 비자를 내 주는 것이 아니라 조선민주주의인민공화국 사증이라 하여 연분홍 미색에 여권 번호와 국적 및 체류기간을 명기하고 하단에 사진이 붙은 한 장의 종이로 되어 있다. 이것을 북한 입국 시에 보이고 입국한 후 출국 시에는 이것을 공항에 놓고 나오는 것이다. 그러니까 우리 여권에는 북한을 들어갔는지 안 들어 갔는지를 모르는 것이다. 우리 여권에는 아무 흔적이 없기 때문이다.

* 2002년 5월 17일 오후 5시 *

고려항공에 가서 북한 평양행 비행기 표를 샀다. 고려항공 여행사는 그리 크지는 않았지만 모양새는 잘 짜여 있었다. 여직원 3명이 티켓팅을 하고 있었는데 모두 상냥하고 친절했다. 특히 우리에게 친절했다. 사실 티켓팅을 하러 가면서 우리는 고려항공 직원을 위해 빵을 사 가지고 갔었다. 빵 덕분인지는 몰라도 우리에게는 친절한 것 같았다. 어느 한 사람은 비자도 없이 아리랑 축전을 보겠다면서 평양행 티켓팅을 하겠다고 우기니 여행사 여직원이 매몰차게 비자를 받아 오라고 했다. 그 모습과 우리를 대하는 모습은 천지차이다. 한민족이어서일까, 아니면 빵 덕분이었을까?

평양까지의 비행기 요금은 왕복 미화 310불이었다. 그런데 비행기 요금은 단지 미국 돈으로만 결제가 되었다. 신용 카드는 안 된다. 여행사 여직원이 미화 100불을 불빛에 비치고 확대경으로 보고 손으로 만져보고 하면서 위폐를 가려내고 있었다.

* 2002년 5월 18일 오전 9시 *

평양으로 가기 위해 북경공항에 나왔다. 어제 고려항공 여

행사에서 티켓팅 하던 그 여직원들이 탑승권을 주고 짐을 부쳐 주었다. 생각보다 많은 사람들이 탑승 수속을 밟고 있었다. 그 중에 북한 사람을 구별하기란 매우 쉬웠다. 북한 사람들은 모두 앞가슴에 김일성 주석이나 김정일 장군의 "초상 휘장"을 달고 있었다. 다소 어색해 보였지만 그들은 아마도 북한 내에서는 엘리트이고 간부일 것이다. 평양행 비행기는 JC 151편이었다.

＊ 2002년 5월 18일 오전 11시 ＊

평양행 비행기에 탑승을 했다. 비자를 받을 때의 긴장감보다는 못해도 흥분과 긴장감이 엄습해 왔다. 비행기 좌석은 중앙 통로 좌우로 3석씩 배열돼 있었다. 정원은 150여명으로 생각되며 머리 위의 짐칸이 좁고 작아서 큰 짐을 뒤편에 있는 별도의 칸으로 옮기는 것으로 보아 군용기를 개조한 비행기가 아닌가 생각됐다. 하여간에 이제는 평양에 갈 수 있게 되었다. 가는 도중에 비행기에서 내리라고는 하지 않을 것 아닌가! 하 하 하.

"평양까지는 한 시간 이십 분이 소요됩니다. 여섯 명의 안내원이 있으니 필요하시면 봉사 버턴을 눌러주세요."

"잠시 후 식사를 제공하겠습네다."

먼저 음료수가 제공되었다. 신덕산 샘물, 룡성 맥주, 미란다 오렌지, 룡성 배, 사이다 중에 하나를 선택하는 것이다. 양주라든가 포도주라든가 하는 것은 없었다. 모두 북한산인 듯했다. 룡성 배 사이다를 한 컵 주문했다. 이를 단숨에 마시고 종이컵을 안내원에게 주려 하자 "고뿌는 다시 봉사해 드리겠으니 그냥 놔 두시라요." 하면서 자기 하는 일만 했다.

다음으로 식사가 제공됐다. 식사는 두 개의 용기로 되어 있었다. 첫 번째 용기에는 빵, 카스텔라, 햄(6쪽), 방울 토마도, 계란말이(2쪽), 버터, 딸기 쨈, 무우짱아치(잘게 썬 것), 사탕가루, 후추 가루, 소금, 프라스틱 수저, 플라스틱 칼이 들어 있었으며 두 번째 용기에는 쌀밥, 감자와 닭고기가 소스에 버무려져 있었다. 특이한 것은 식사를 제공할 때 안내원이 식사 용기를 일일이 날라다 승객들에게 나누어 주는 것이다. 그러니까 카트를 사용하지 않는다는 것이다. 매우 비효율적이고 힘들어 보였다. 이것이 우리들만의 방법이란 말인가?

"20분 후에 평양 공항에 도착하겠습네다."

"지금 평양 공항에 도착했습네다. 현지 시간은 두시 십오 분입네다. 비행기가 멈출 때까지 자리에 있어야 합네다. 용건과 물건을 놓고 가지 마십시오."

아하! 여기가 그토록 오고 싶던 평양 순안 공항이구나!! 하늘은 맑고 늦봄의 햇살은 빛나고 있었다.

옥경이! 옥경이!

* 2002년 5월 18일 오후 4시 *

2명의 북한 안내원의 도움으로 수속을 마치고 한창 모내기를 하는 들판을 지나 김일성 동상이 있는 만수대에 꽃다발을 놓고 (꽃다발이 미화 5불이었다) 쌍둥이 빌딩인 44층의 고려호텔에 여장을 풀었다. 고려호텔의 호텔 요금은 층마다 빌딩의 위치에 따라 달랐다. 우리는 2호관 16층이었다. 이곳의 요금은 북한 돈 360원 즉 미화로 180불 정도였다. 대체로 일반 방은 약 120불, 호화방은 160 - 190불 정도였다. 호텔 내부는 다른 나라 호텔에 뒤지지 않는 훌륭한 호텔이었다.

저녁 7시에 민경련에서 주최하는 만찬이 있다고 한다. 다소의 시간도 있고 평양의 거리를 보고 싶은 충동도 커서 호텔

밖으로 나왔다. 안내원들도 없었다. 거리는 한가로웠고 자동차의 소음도 없었다. 아니 너무나 한적했다. 다만 호텔 앞 사거리 건너에 울긋불긋하게 치장한 포장마차 같은 간이시설이 나의 마음을 끌었다. 나는 나도 모르게 그곳으로 향했다. 아주 짧은 거리다. 도로 하나만 건너면 되는 곳이다. 그 곳에는 삶이 살아 넘치는 생의 원천이었다.

"어서 오시라요, 반갑습네다."

포장마차와 같은 작은 매점이 10여개 연이어져 있다. 가물치 회집, 단고기 집, 흑맥주 판매대, 지지미 대(빈대떡), 소라꼬치 대, 식해(가자미나 동태를 좁쌀과 함께 발효시킨 함경도 음식) 판매대, 룡성 맥주, 송악술, 들죽술 등 주류 판매대 등.

"이런 곳을 무어라고 합니까?"

"야외 매대! 야외 매대라고 합네다."

처음에는 무슨 말인지 알아듣지 못했다. "야외 무어라고요?" "야외 매대 말입네다. 야외 매대!" "아하 야외 매-대, 그러니까 야외에 있는 매점 같은 것이군요." "네 그렀습네다."

야외 파라솔 주위에 의자가 있었다. "여기 앉즈시라요."

"우리는 지금 서울에서 온 사람들입니다. 저녁 7시에 만찬이 있어서 음식을 먹을 수는 없고 이곳의 모습을 사진에 찍고 비디오에 찍고 싶습니다."

"일 업서요. 그러케 하시라요"

"동무는 이름이 뭐요?"

"옥경이라고 합네다. 김옥경"

앞가슴을 보니 정말로 김옥경이라는 명찰이 달려 있었다.(사진을 찍을 때는 명찰을 떼었다) 나는 이곳에서 순수함과 깨끗함을 보았다. 남한이 어떻고 북조선이 어떻고 하는 것은 찾을 수 없었다. 그래 이것이 나와 옥경이 아니 당신과 나 사이에 바라는 꿈이 아니겠는가? 먼데서 오신 손님에 대한 친절함과 남모르는 여인에 대한 인연의 정—.

* 2002년 5월 18일 오후 7시 *

민경련에서 주최하는 만찬이 있었다. 만찬에 익숙지 못한 나에게는 어색한 저녁식사였고 긴장된 순간이었다. 만찬 식단은 푸짐했다. 기본 식단으로 빵, 경단 떡(4색), 술(룡성 맥주, 포도주, 송악술, 샘물) 김치가 준비되어 있었고 다음으로 칠색 나물, 조막 고기(소고기 3점에 무국과 같이 나온 음식), 생선 꼬치구이(이면

수와 야채를 꽂아 구운 음식), 밥, 국(만두 국인데 만두가 아주 작아서 그 곳에서는 방울 국 이라고 함)이 이어졌다. 양측의 인사가 끝나고 식사가 한창일 때 한 안내원 동무가 진지하게 한마디 했다.

"신선생님께서 야외 매대에 가신 것 때문에 지적을 받았단 말입네다. 앞으로 그런 곳에 가실라면 같이 가시기 바랍네다."

"죄송하게 생각합니다. 우리가 몰라서 그렇게 되었습니다. 그러나 야외 매대에 김옥경 동무하고 만찬이 끝난 후에 다시 만나기로 약속을 했으니 안내원 동무와 같이 가시지요. 정말로 옥경이 동무는 미인이고 친절해서 다시 꼭 가야겠습니다."

주위에서 옥경이에게 반했다고 놀려댄다. 나는 그것이 싫지가 않았다. 왜 우리는 깨끗하니까—.

* 2002년 5월 19일 오전 9시 *

오늘은 만경대의 김일성 생가와 봉수교회를 가는 날이다. 호텔 로비에 나오니 젊은 안내원이

"신 선생님 이제는 옥경이 동무를 만나지 못하게 됐단 말입네다. 옥경이 동무가 휴가를 갔단 말입네다. 섭섭해서 어떻게 하지요?"

"그게 무슨 소리야! 어젯밤에도 그런 말 없었잖아? 그래 언제 까지 휴가래?"

"24일까지 랍네다."

24일이라면 우리가 평양을 떠나는 전날까지 아닌가? 그러면 옥경이와는 영영 만날 수 없단 말이다. 아! 이런 경우도 있단 말인가. 그 아름다운 미소와 깨끗한 마음이 지금 이 순간 사라지고 만단 말인가. 그 후 만경대, 주체사상탑, 동명성왕능, 개선문, 묘향산의 국제친선 전람관, 남포의 서해 갑문 등을 관광하면서 그곳에 나온 많은 여성 안내원을 만났지만 옥경이처럼 아름답고 깨끗한 여성은 만나지 못했다. 들리는 말에 의하면 옥경이가 결혼을 했다고 한다. 그래 나와 같은 아름다움과 깨끗함을 간직하고 멋진 결혼이 되길 바란다.

* 2002년 5월 20일 – 2002년 5월 24일 *
시간대 별로 간략하게 기술하면 다음과 같다.

5월 20일
09:30– 평양의대병원 방문; 유환수 부원장과 대담
11:00– 동명성왕 능 관광
15:00– 지하철 탑승
16:00– 빵 공장 방문
18:00– 아리랑 축전 관람
5월 21일
09:30– 인민제1병원 방문; 함명찬 구강과장과 대담

11:00- 평양산원 방문 ;구강과 시설을 관찰

15:00- 평양의대병원 재차 방문; 정봉주 조선의학협회 부회장과 대담

5월 22일

09:00- 평양의대병원 3차 방문; 구강 과에서 부족한 기자재 목록 받음

12:00- 옥류관에서 점심식사

17:00- 쑥 섬 관광

5월 23일

09:00- 묘향산으로 출발

11:00- 향산 국제친선 전람관 관람

12:00- 묘향산 계곡에서 점심식사

19:00- 단고기 저녁식사

5월 24일

09:00- 남포 서해 갑문 관광을 위해 출발

15:30- 9.15 탁아소 방문; 주週탁아소로 1주일 내내 맡기는 탁아소

18:00- 교예단 관람

20:00- 남측 주최 만찬

이상과 같이 주로 북한의 의료시설 및 운영 상태를 보고 느꼈다. 간단히 평양의대 병원의 구강과 실태를 보고하면 구강과에는 구강외과, 구강내과, 보철과로 나누어져 있었다. 구강외과는 발치 및 수술을 하는 것 같았는데 수술을 위한 시설이 전무한 상태였다. 구강내과에서는 보존 및 신경치료를 하는데 유닛 체어 및 기자재들이 낙후되고 열악했다. 보철과에는 더욱 열악하여 치아 삭제를 할 수 없을 정도였고 기공실도 형편이 없었다.

제1인민병원은 남한에서 보내준 기자재 때문에 매우 현대적 이었지만 전기 및 수도 사정이 좋지 않아 제대로 사용이 안 되고 있었다.

평양산원의 구강과는 아직도 로터리 엔징을 사용하고 있었으며 대체로 스케일링을 하고 있었는데 수작업에 의한 스케일링을 하고 있었다.

끝으로 5월 18일부터 25일까지 북한의 평양, 남포, 묘향산을 방문 한 결론을 내야겠다. 방문 목적은 열린치과의사회에서 4월 11일 남포의 아동치과병원 개설을 위해 보낸 유닛 체어 2대와 컴푸레서 1대의 확인과 앞으로의 개설, 운영, 사후관리에 대한 점검 및 상황실태를 파악하기 위해 방문했었다.

그러나 남포의 아동병원을 방문하지도 못했고, 열린치과의사회에서 보낸 기자재의 실태도 확인할 수 없었다. 안타까운 일이었다. 북한의 구강 의료 현실은 기본적인 의료 인프라의 부족과 보건의료 관리들의 구강 분야 인식 부족으로 인해 매우 열악하고 구시대적인 상황이었다. 이런 상황 속에서도 북한의 구강 담당자들은 열의와 자긍심을 가지고 북한 인민들에게 헌신적으로 봉사하고 있었다. 이런 이유 때문에 우리는 북한에 좀 더 적극적으로 협조하고 협력하여 북한의 구강보건을 개선해 나가야겠다.

이를 위해서는 기본적인 북한 전체 의료 인프라의 개선과 보건의료 관계자의 구강분야에 대한 인식 개선을 위해 꾸준히 노력해야 할 것이다. 지금의 상황이 어렵고 힘들다 해도 그래도 우리는 북한의 인민을 위해 해야 한다.

자연의 환희-1

자연의 환희, 이과수 폭포 I

'태초에 하나님이 천지를 창조하시니라' (창세기 1:1)

태고 때부터 오늘까지 이과수 폭포는 자연의 환희를 노래하고 있다.

아니, 천지가 소멸하지 않는 한 이과수 폭포는 하나님이 주신 기쁘고 기쁜 열열낙락悅悅樂樂을 우리에게 쏟아 부어 줄 것이다.

이과수 폭포를 가기 전 아르헨티나의 부에노스아이레스에서 라쁠라따 강을 보았다.

이는 강이 아니라 바다다.

강폭이 최대 220km라고 하니 저쪽 강둑이 서울에서 대전 너머에 있다는 말이다.

이러니 피안彼岸이 보일 리 없고 붉게 물든 석양의 낙조가 강물에 드리워진 가운데 수십만 톤의 배가 역광의 암영暗影을 짙게 드리우고 있다.

참! 자연은 거대하고 아름답다.

하나님 감사합니다.

라쁠라따 강은 빠라나 강과 필코마요 강이 모여서 이루어진 큰 강이다.

빠라나 강은 이과수 강이 모여서 만들어진 라쁠라따 강의 지류이다.

그러니까 이과수 강은 빠라나 강의 지류로서 라쁠라따 강의 손자뻘 되는 강인 셈이다.

이과수 강 중간에 이과수 폭포가 있다.

이 폭포가 아프리카의 빅토리아 폭포, 북미의 나이아가라 폭포와 더불어 세계 3대 폭포 중의 하나라고 하니 자연의 웅대함에 머리가 저절로 숙여진다.

폭포의 모양은 말굽 모양으로 총 길이가 2,700m 이고, 떨어지는 낙차의 높이가 70m~80m 로 어느 곳은 일직선으로, 어느 곳은 이중 폭포로 떨어진다.

이런 폭포의 수가 275개나 되는데 멀리서 보면 수정 발簾을 둘러친 듯하다.

이과수 폭포는 아르헨티나 쪽(2,100m)과 브라질 쪽(600m)으로 나누어져 있어서 2일에 걸쳐 보아야 한다.

먼저 아르헨티나 이과수 폭포를 보자.

이과수 폭포를 조망하는 방법으로 상단순회Superior Circuit와 하단체험Inferior Circuit이 있다.

이과수 국립공원에 도착하여 '정글속의 녹색열차Green Train Circuit 라는 꼬마기차를 타고 상단조망의 진수인 '악마의 목구멍Throat Of Evil으로 향했다.

느리지도 않고 빠르지도 않은 협궤狹軌의 꼬마기차는 정글을 지나는가 싶더니 정겨운 다리를 건너고 조금 가니 맞은편에서 쌍둥이 기차가 기적을 울리며 회우會遇를 하잔다.

시골 간이역 같은 종착역에 도착하니 세계 각국의 사람들(관광객)이 우리를 반기는 듯 우르르 몰려든다.

역사驛舍를 나서니 이름 모를 수만 마리의 나비들이 환영의 군무를 추고 있다.

"이 나비들의 이름이 서울 올림픽 나비라고요, 유명한 나비입니다."

어깨에 앉은 나비의 날개를 보니 88이라는 무늬가 선명하다.

그래서 88 서울 올림픽 나비란다.

정말인지 아닌지는 모르나 가이드의 익살이 정겹다.

높지 않은 철책 다리를 600m쯤 가니 물안개가 하늘 높이 솟구쳐 오르는데 그 모습이 예사롭지 않다.

가까이 가니 강물이 용트림을 하면서 한 구멍 속으로 빨려 들어간다.

여기가 악마의 목구멍이다.

카메라 렌즈를 대니 카메라뿐만 아니라 나 자신도 그 속으로 휩쓸려 들어간다.

디둠발이 나에게는 콸콸 솟아져 들어가는 악마의 위세를 도저히 이겨내지 못할 것 같다.

어찔한 정신을 가다듬어 하늘을 보니 영롱한 무지개가 머리 위에 걸려 있다.

무지개가 하나가 아니고 여러 개다.

쌍무지개도 떴다.

좌우를 보니 은빛 물줄기가 지축을 흔들면서 쏟아져 내리는가 싶더니 백색 포말을 하늘 높이 쏘아 올린다.

자연의 합창곡에 나의 왜소함이 더욱 보잘 것 없다.

여기저기서 탄성의 소리가 들린다.

'야! 야! 야!' 입만 벌리고 있을 뿐이다.

조화옹造化翁 감사합니다.

유산가遊山歌 가사 한 구절이 떠오른다.

철암 절벽상에 폭포수는 콸콸
수정렴水晶簾 드리운 듯
이 골물이 주르륵
저 골물이 솰솰
열의 열골 물이 한데 합수하야
천방져 지방져
소쿠라지고 평퍼져
넌출지고 방울져
저 건너 병풍석으로
으르렁 콸콸
흐르는 물결이
은옥같이 흩어지니

표현의 부족함을 절실히 느끼며 하단 체험의 길로 접어들었다.

자연의 환희-2

자연의 환희, 이과수 폭포 Ⅱ

하단 체험이란 마꾸꼬 사파리Macuco Safari를 말한다.

물론 밑에서 보는 이과수 폭포 또한 웅장하고 장엄하지만 하단체험의 백미는 마꾸꼬 사파리이기 때문에 체험이라는 말로 전해 본다.

마꾸꼬 사파리는 우르릉 쾅쾅 떨어지는 이과수 폭포 속으로 배를 타고 들어가는 모험의 줄타기이다.

가이드가 또 익살을 떤다.

"지금 배를 운전하는 선장이 오늘 정신병원에서 나온 또라이 입니다.

그래서 그냥 놔두면 여러분의 생명을 보장할 수 없습니다. 어떻게 할까요? 또라이 마음대로 하라고 할까요, 말까요?"

"그냥 그대로 합시다!"

말이 떨어지기가 무섭게 배가 최고 속력으로 이과수 폭포의 심장이라는 곳으로 돌진해 들어갔다.

우비 위로 떨어지는 폭포의 물줄기는 살인적인 위력으로 온몸을 두들겨 팬다.

몸을 세울 수도 없고 머리를 들 수도 없다.

꼬부리고 배 밑창만 볼 뿐이다.

배가 돌진하는가 싶더니 갑자기 360도 회전을 한다.

배 난간 5cm까지 파도가 넘실거린다.

곧 배가 전복될 것 같다.

공포의 아우성이 울려 퍼지고 몸이 회전반경 원심 쪽으로 급속히 기운다.

또다시 "아이고 사람 살려!" 하는 소리가 터져 나온다.

몇 번을, 어디를 돌았는지 모르나 마꾸꼬 사파리는 다행히 생명의 지장 없이 무사히 끝났다.

모두 물에 빠진 생쥐 같은 모습으로 배를 내리는데 언제 공포의 아우성을 질렀냐는 듯이 만면에 함박웃음을 띠며

"야 다시한번 더 타자!" 한다.

아마 태고 때부터 우리에게 준 자연의 환희를 듬뿍 받은 모

양이다.

천주님 고맙습니다.

여기를 나보다 먼저 지나간 어느 선배 시인의 시 한 수를 읊어 본다.

웅대한 폭포에 필사의 도전
배와 거친 물살의 전쟁
거대한 물보라 배를 덮친다.
하늘에서 바다가 쏟아진다.
우리는 물에 빠진 생쥐
손목으로 원을 그리며
선장에게 돌진을 재촉
배는 다시 파도 속으로 돌진
경악과 탄성의 소리
배는 폭포와 하나
일진일퇴
물놀이에 어찌 남녀노소 따로 있으랴.

하루 종일 다리품을 팔다 보니 허기가 엄습했다.

내일 브라질 이과수 폭포를 보기 위해 허기진 배를 24가지 각종 고기의 바비큐로 포식을 했다.

배부르고 자연을 즐기며 주유周遊를 하노라니 만사 걱정이 사라진다.

브라질 이과수 폭포는 아르헨티나 이과수 폭포보다 작으나 아르헨티나보다 볼거리가 아름답다.

마치 폭포의 병풍 속에 파묻힌 듯하다.

브라질 이과수 폭포에 도착하니 꼬아티Coati란 놈이 우리를 반긴다.

꼬아티는 너구리과에 속하는 동물로 야생이어서 가까이 하지 말라는 주의를 들었다. 특히 음식물을 가지고 다니면 꼬아티의 공격을 받을 수 있단다.

그런데 꼬아티가 얼마나 귀여운지 만져 보고 싶고 맛난 음식도 주고 싶다.

브라질 이과수 폭포의 특징은 폭포 바로 아래서 폭포의 물줄기를 즐길 수 있다는 것이다.

폭포의 물줄기를 보고 있노라면 모든 이과수의 물을 한 몸

에 받아 인간의 묵은 진개塵芥를 씻어 내린 듯하다.

자연이 인간에 주는 용서와 관용의 물줄기이다.

왜 우리는 자연과 하나 돼서 꼬아티와 같이 어울리지 못하고 이과수 폭포가 주는 자연의 환희를 받아들이지 못하는가?

'수고하고 무거운 짐 진 자들아 다 내게로 오라 내가 너희를 쉬게 하리라.'

비단길을 가다往絲綢之路

1. 실크로드絲綢之路

현장법사는 대당서역기大唐西域記에서 “길이 없다. 다만 사막을 헤매다 죽은 사람의 뼈를 보고 표적을 삼는다.” 마르코 폴로는 동방견문록東方見聞錄에서 “사막에는 악령의 소리가 들린다. 그 소리에 홀려 길을 잃고 죽어 간다.” 법현은 불국기佛國記에서 “하늘에 나는 새 없고 땅에 뛰는 짐승 없다. 멀리 보아도 눈 닿는데 없고 갈 곳을 알지 못한다. 다만 죽은 자의 해골이 표적이 될 뿐이다.”라고 실크로드를 말하고 있다.

우루무치烏魯木齊, 투루판吐魯蕃, 돈황敦煌, 서안西安으로 이어지는 옛 서역의 길을 8박 9일에 걸쳐 다녀왔다.

몽고어로 “아름다운 목장”이라는 우루무치에는 천산산맥

한허리 1910m에 천지天池가 있어 백두산의 천지天池를 연상케 했고 하자크족의 파오(겔)는 서역의 이국정취를 맛보게 하였다. "가장 낮고, 가장 덥고, 가장 맛있는 포도가 있다." 는 투루판에서는 교하고성交河古城, 고창고성高昌古城과 베제크릭 석굴石窟을 보고 끈끈한 삶을 이어온 위그로족의 옛 영화를 실감 하였으며, 아스타나 고분군古墳群에서는 4000년 전의 미라가 환생하여 현세에 다시 태어나는 듯 했고, 작열하는 태양에 의해 불타는 화염산火焰山에서는 지금도 서유기의 삼장법사가 이국의 나그네에게 설법을 하는 듯하였다.

실크로드의 꽃이며 세계의 8대 불가사의의 하나인 돈황과 비단길의 시발점인 동시에 종착지인 서안에는 무궁무진한 보화와 찬란한 역사가 있었다.

실크로드는 천산산맥을 중심으로 천산북로天山北路와 천산남로天山南路, 타클라마칸 사막과 쿤룬 산맥 사이의 서역남도西域南道로 3개의 육상 실크로드가 있다. 이 길들은 문자 그대로 비단이 깔린 보드라운 비단길이 아니고 거칠고 황량한 사막과 풀 한포기 없는 험준한 산으로 이루어진 불모의 땅이다.

그런데 왜 사람들은 이런 길을 걸어가는가?

자연환경 대로라면 도저히 사람이 살아갈 수 없는 곳이지만 그래도 그 곳에는 사람들이 수천년 동안 살아왔고 지금도 살아가고 있다는 것이다. 사랑, 슬픔, 고뇌, 번영, 전쟁, 꿈,

행복 그리고 삶이 그곳에 있기 때문에 옛날에도, 지금도 그리고 앞으로도 이 험난한 길을 걸어가는 것이다. 그리고 나 역시도 ―.

2. 서역의 꽃 돈황敦煌

우루무치, 투루판을 지나오면서 신강 위구르 자치구 사람들의 삶의 터전을 체험적으로 경험하고, 밤 기차로 12시간, 자동차로 2시간을 달려 천년의 예술이 살아있는 "사막속의 높은 굴" 돈황의 막고굴莫高窟에 도착했다.

전진(前秦, 336년)때 낙준樂樽이라는 사문沙門이 명사산鳴沙山에 이르러 찬란한 금빛을 보고 그 곳에 굴을 파기 시작하여 법량선사法良禪師가 감龕을 파, 절을 창건한 후 7세기경에는 불굴佛窟이 천여 개에 이르면서 돈황의 천불동千佛洞이 생겨나게 되었다.

막고굴은 돈황 동남쪽 25Km 대하大河라는 역암층 암벽 절벽에 492개의 동굴을 파 가혹한 땅 위에 찬란한 불상과 벽화를 그려 거대한 불교미술의 꽃을 피운 곳이다.

각 굴마다 번호가 매겨져 있고 입구에는 자물쇠가 잠겨 져 있다. 그 굴을 관람하기 위해서는 손전등을 빌려야 하고 안내인의 지시에 따라야만 한다.

처음으로 안내된 곳은 17굴인 장경동藏經洞이다. 길이

2.7m, 넓이 2.5m, 높이 3m에 불과한 16호의 부속굴 같지만 1900년 왕원록王圓籙이 굴을 발견한 후 무수한 내장품이 나옴으로 유명해진 굴이다. 어문학적 필사본, 종교경전, 역사지리, 음악가무, 호적장책 등 진귀한 보물이 쏟아져 나왔다. 무엇보다도 혜초慧超의 왕오천축국전往五天竺國傳이 그 중에 있었다는 것이다.

다음으로 간 곳은 96굴 구층루九層樓인 북대불전이다. 다른 굴과 달리 암벽 전면에 9층으로 전각을 짓고 그 속에 굴을 파 대불大佛을 모셨다. 전각의 높이가 43m이고 대불의 높이가 34.5m 넓이가 12.5m으로 실내에 안치한 불상으로는 세계 제일이다. 158굴의 와불臥佛 열반상과 더불어 불상의 크기에 입이 다물어지지 않았다. 이 불상의 특징은 보는 위치에 따라 참배객에게 주는 느낌이 다르다는 것이다. 부처님의 자비가 모든 중생에게 골고루 미친다고 생각하니 나그네 중생의 마음이 온화해 진다.

한무제(漢武帝.BC140년)때 흉노족을 치기 위해 대월지大月氏로 떠났던 최초의 서역 개척자 장건張騫에 대한 벽화가 있는 323굴 장건출서역도張騫出西域圖와 비파를 타며 비천하는 누드가 그려진 관능미의 백미인 428굴, 290굴과 조우관鳥羽冠을 쓴 한국인 모습이 그려진 220굴, 335굴을 뒤로 하고 명사산鳴沙山과 월아천月牙泉으로 향했다.

모래로 이루어진 이 산은 바람이 불면 뇌성 같은 소리를 내며 산의 모양이 달라지고 하루에도 색깔이 흑, 백, 적, 홍, 갈색으로 변해서 보는 이의 마음을 설레게 한다. 낙타를 타고 60여m 명사산을 오르니 옛 대상들의 고달픔이 낙타 등을 통해 온몸에 스민다.

모래밖에 없는 사막에 차고 맑은 샘물이 어떻게 생겼을까 하는 의구심은 전설에 묻어두고 길이 200m, 넓이 50m, 깊이 5-7m의 초승달 같은 월아천을 사원 누대에 올라 바라보니 대보름 만월이 월아천에 걸려 있다. 아! 오늘이 추석인가?

3. 역사속의 향기 서안西安

돈황에서 서안까지 걸어서 몇 년이 걸릴지 모를 옛 비단길을 토담집 같은 돈황 공항을 출발한 지 불과 1시간 반 만에 서안에 도착했다.

BC 1134년 서주西周가 도읍을 정한 이래. 7개 왕조가 명멸하면서 "영원히 편안하라."는 장안(長安. 서안의 옛 이름)도 지금은 짙은 농무濃霧에 싸여 초행길 나그네의 지친 눈과 목을 따갑게 했다.

높이 79m의 진시황능秦始皇陵으로 부터 15Km 떨어진 진시황병마용갱秦始皇兵馬俑坑은 신의 창조물이지 인간의 작품일 수 없었다.

웃는 모습, 화내는 모습, 늙은 주름살이 잡힌 미간, 섬세한 머리카락 등 얼굴의 표정에서, 1m80cm의 건장한 체격, 화살을 뽑기 쉽게 상투를 뒤쪽이나 좌측으로 틀은 모습에서 이는 사람의 손으로 빚을 수 없는 걸작이다.

너비 60m 길이 210m의 1호 갱에는 6000개의 병마가, 2호 갱에는 목제전차 89량, 말이 끄는 전차 356대, 토제전차병 261명, 기병 116명, 보병 562명이, 군 지휘부인 3호 갱에는 장엄한 호위병이 진시황의 능을 지키면서 당장이라도 뛰쳐나와 포효할 듯하다.

아 ! 슬프다. 찬란한 역사 뒤안길에는 고달픈 삶의 터전이 있어야 하는가?

거상巨商 여불위呂不韋와 애첩 탕녀 주희에서 태어난 진시황은 300만 명의 백성을 동원하여 37년간 이 거대한 능과 병마용 갱을 만들었다니 당시 피폐한 백성들의 삶과 지금 무심히 서 있는 토용의 모습이 서로 상반되게 어우러 지면서 보는 이의 마음을 애틋하게 한다.

당현종唐玄宗과 양귀비揚貴妃에 사랑의 아지트였던 화청궁華清宮에는 지금도 43도의 여산 온천驪山溫泉이 솟아나고 있었다.

온천의 열기로 서리가 날아간다는 비상전飛霜殿에는 경국재인傾國才人과 천하 황제가 연화주連花酒에 취해 몽운夢雲을 헤매는 듯 했고 두 남녀의 전용 탕인 연화탕連花湯과 해당탕海棠湯

에는 서역산 향료 용뇌향龍腦香에 취해 남녀가 황홀경에 빠져 세월의 흐름을 모르고 있었다.

이런 사치와 음욕의 현장이 시아버지와 며느리 사이의 불륜의 장이였다니 참으로 삶의 현장은 불공평도 하구나!

씁쓸한 역사의 향기를 맡으며 현장법사의 정취가 남아있는 자은사慈恩寺의 대안탑大雁塔과 고승 의정義靖의 고뇌가 서려 있는 천복사薦福寺의 소안탑小雁塔으로 향했다. 남성적인 대안 탑의 자은사에는 승려가 있어 아직도 현장법사가 살아 있는 듯했지만 여성적인 소안탑의 천복사에는 승려 하나 없이 쓸쓸한 가운데 다만 깨진 범종만이 지나가는 중생의 호주머니 돈을 구걸하고 있었다.

비석이 숲을 이룬다는 비림碑林을 지나 서역의 관문인 함령문을 나서니 수천 년을 뛰어 넘었던 나그네의 삶에 터전인 한성漢城이 한눈에 들어온다.

정글 속의 미소

“국제회의 관계로 00일부터 00일 까지 휴진 합니다.”라는 애교 섞긴 푯말을 병원 앞에 써 붙이고 캄보디아의 앙코르 유적지로 향했다. 누가 그 말을 믿겠냐마는 그렇게라도 써놓아야 마음이 다소 놓이는 이유가 무언지 모르겠다. 더구나 구정 설을 끼고 떠나는 여행이다 보니 공연히 조상님께 죄를 짓는 것 같고 주위 사람들로부터 눈총을 받는 것 같아서 마음이 무겁다.

발아래 펼쳐지는 평화로운 풍경과는 달리 단발 프로펠러 비행기는 무의식중에 공포감을 가중시키면서 요동을 친다.

프논펜 공항이다. 비자 발급을 공항 입구에서 한다. 20달러라는 거금도 거금이지만 비자 발급 모습이 기이하다. 비자 발급을 하는데 왜 그렇게 많은 사람이 필요할까? 20여명이 넘는 듯하다. 사진을 붙이는 사람, 이름을 쓰는 사람, 돈을 받는 사람, 돈을 확인하여 장부에 적는 사람, 그냥 서 있는 사람…, 컴퓨터에 길들여지고 5분이 경과하면 나도 모르게 짜증이 나는 우리들의 습성으로는 하세월하며 비자 발급 수속을 하는 캄보디아 관리들의 모습이 다른 세계의 일처럼 느껴졌다. 1시간 가깝게 지체를 한 후 비자를 받고 입국 수속을 받는데 또 다른 일이 벌어졌다. 출입국 관리 요원인 듯한 제복을 입은 사람이 "5달러를 주겠소?" 나는 정당하게 비자도 받았는데 "왜 5달러를 내냐?"고 하면서 항의를 했지만 그는 나의 질문에는 대답도 않고 약간 비굴한 모습으로 "OK?" "OK?"만 연발했다. 나는 끝내 5달러의 의미를 깨닫지 못하고 입국 수속을 마쳤다. 나중에 안 일이지만 캄보디아 관리들의 봉급이 적기 때문에 어수룩한 사람에게는 보통 해보는 수작이라고 한다. 마음 한편으로는 측은한 생각도 들었지만 내가 그처럼 어수룩하고 바보처럼 보였다는 사실에 부아가 나기도 했다.

나는 앙코르 유적 하면 앙코르 와트만 있는 줄 알았다. 누가 그랬던가. "여행은 아는 만큼 즐길 수 있다고." 그러나 모르는 만큼 새롭고 진기한 것도 많았다. 모든 것이 신기하고 경이로웠다. 이 모든 것을 다 알고 왔다면 내가 여기에 올 필요가 있었겠는가? 어허! 모르고 온 것이 얼마나 다행한 일인지 모르겠다. 이 글을 읽는 여러분도 앙코르 유적에 대해 알 필요가 없다. 다만 가 보기만 하면 되는 것이다.

먼저 다른 곳보다 앙코르 톰의 바이온성城에 대해서 언급하고자 한다.

"앙코르Angkor"라는 뜻은 "도시, 수도"라는 명사이고 "톰Thom"이란 뜻은 "큰, 위대한" 뜻의 형용사란다. 그러니까 앙코르 톰이란 큰 도시라는 뜻이다. 말 그대로 12세기부터 13세기 초까지 크메르 왕국의 수도인 앙코르는 100만이 넘는 인구가 사는 거대한 도시였다고 한다. 그 당시 우리 한양의 인구가 30만도 되지 않았다고 하니 얼마나 크고 화려했겠는가를 짐작할 수 있을 것이다. 특히 앙코르 톰 안에 있는 바이온성Bayon Temple은 54개의 석탑으로 이루어져 있는데 그 석탑 하나하나에는 사면에 3~4.5m의 큰 바위 얼굴상이 새겨져 있다.

그 석상 위에는 연꽃 모양의 관을 쓰고 있어서 멀리서 보면 마치 옥수수를 여러 개 세워 놓은 듯하다. 이 석탑 가운데 바이온 상像이 있다. 바이온 상은 이 사원을 건설했다는 자이바르만 7세Jayavarman Ⅶ 자신의 초상이라고 한다. 인자하고 자비로운 입가의 미소는 보는 이로 하여금 고향집 어머니의 품속을 연상케 하며 따뜻하고 온화한 느낌을 자아내게 한다. 이 미소에 미친 유명한 세계의 사진작가들과 역사학자들이 진정

한 이 미소의 뜻을 깨닫기 위해 몇 날 몇 밤을 무단히 새웠는지 모른다고 한다. 400여 년 전 바이온 왕이 나에게 던진 미소의 뜻을 하찮은 필부에 지나지 않는 내가 어떻게 알랴마는 지금 무심코 그의 앞을 지나면서 미소의 한 끝이나마 느끼고 싶은 충동은 아마도 바이온 왕과 나와 오랜 세월 동안 이어준 실낱같은 인연의 줄이 아니었나 생각된다.

공연히 허튼 상념에 잠겨 넋을 잃고 있는데 갑자기 친절한 가이드가 "이 바이온 상을 일컬어 앙코르 톰의 미소라고 합니다." 라고 설명을 한다. 아니야! 이 미소는 시궁창과 같은 인간 밀림 속을 밝게 비추는 희망의 미소야! 썩고 병든 사바세계를 깨끗하고 맑은 정토의 세계로 만드는 미소야! 어찌 앙코

르 톰만의 미소겠는가? 어찌 크메르족만의 미소겠는가? 찌든 중생 모두의 미소이지! 여러분! 이 미소를 보고 싶소? 이 미소를 머금고 싶소? 한번 그 앞에 서 보시오.

나는 그 이상의 말을 할 수가 없고, 지친 몸을 이끌고 앙코르 톰 내에 있는 파푸온 성, 프리피루, 코끼리 테라스, 로이알 테라스와 사방 3km로 둘러쳐진 앙코르 유적지의 또 다른 백미인 앙코르 왓트Angkor Wat로 갔다. 앙코르 와트 역시 웅장한 규모와 섬세한 조작 부조에 경탄을 금지 못했으며 기하학적 조형물과 서사시적 회랑 부조물浮彫物 을 이해하고 느끼기 위해서는 또 다시 그 곳에 가보지 않고서는 알 수가 없다고 말할 수밖에 없다. "여보시오! 누구 약 올리는 소리요."라고 할지 모르나 단지 나의 무지를 탓하기 바랄 뿐이다.

또 타 프롬 성Ta Prohm을 보고 있노라면 자연의 위대한 힘을 볼 수 있다. 400년 전에 떨어진 씨가 싹이 터서 거대한 고목이 되고 그 뿌리가 보잘것없는 인간의 조형물을 휘어 감고 억세게 짓누르고 있는 모습을 보고 인간의 미미한 모습에 놀랄 수밖에 없다. 우리가 살면 백년을 살 것인가 천년을 살 것인가? 600여 년간(790~1432)의 영화롭던 캄보디아의 크메르 왕국도 아무도 모르게 사라져서 400여 년간 정글 속에 파묻혀 있다가 1861년 프랑스 탐험가 앙리 무오에 의해 발견되지 않았는가?

앙코르 유적지에 가보면 그 곳에 철학이 있고 종교가 있고 교육이 있으며 삶의 틀이 있다.

마야문명을 찾아서-1

여행이란 사람의 마음을 들뜨게 하고 흥분시킨다.

초등학교 때 소풍 가기 전날 밤이 그렇고, 자가용차를 사서 식구들과 여행 떠날 때가 그렇고, 비행기를 타고 해외 나들이를 갈 때가 그렇고, 하여간에 여행은 즐겁고 기쁜 일이다.

그런데 이번 중남미 여행은 고행의 길인 것 같다.

16박 17일의 장기 여행 때문만은 아니다.

우선 비행 탑승시간Flight Time이 80시간이 넘어 꼬박 3일 하고도 반나절을 비행기 속에서만 지내야 한다면 승방僧房의 벽면수행과 무엇이 다르겠는가?

또 해발 3,800m의 고산지대에서 2~3m의 저지대 정글 지역에 이르는 광범위한 곳을 다니노라면 만행萬行에 고달픈 노승老僧의 지친 여정이 아니겠는가?

그래도 이 힘들고 어려운 여행을 떠나는 이유는 그곳에는 천재千載의 마야와 잉카문명이 있기 때문이고, 그 어느 땐가 우리의 조상이었을는지 모르는 낯익은 인디오가 있기 때문이다.

이보다 더 큰 이유는 마야와 잉카에 대한 호기심과 미지의 새로운 대륙에 대한 초답初踏의 생소함이다.

뉴욕에서 멕시코시티까지의 비행은 '데낄라'의 술맛으로

100년 전 우리 조상들의 아리한 사연을 꿈속에서 더듬어 보게 했다.

1900년대 초 우리 조상들은 고향 산천을 등지고 이상향을 찾아서 그곳이 어디며, 무엇을 하는 곳인지도 모르고 무작정 배에 올라 간 곳이 바로 멕시코의 유카탄 반도의 '에니껜' 농장이었다.

'에니껜'은 선인장의 일종으로 '데낄라'의 원료가 되는 것이다.

지금까지도 우리 선조의 후손들이 잊지 않고 있는 한국말이 "아이고 배고파"라니 이 얼마나 애달픈 일인가?

'데낄라'의 술맛에서 허기진 선조들의 진액이 흘러나오는 듯하다.

멕시코시티는 아스택 문명의 중심지였다.

그 당시에는 호수 가운데 섬으로, 찬란한 아스택문화가 꽃피고 있었단다.

지금은 인구 2,000만이 넘는 대도시로 변했고 마지막 마야 문명의 하나인 아스택문명은 스페인의 정복(1519)으로 흔적조차 없이 사라지고 과달루빼 성당과 소깔로 광장이 그 자리를 차지하고 있다.

스페인이 인디오 문화를 말살하기 위해 혼혈정책을 쓰고 모든 문명을 망가뜨리려 하였으나 테오티와칸(신들의 장소)을 없앨 수는 없었다.

크기가 방대하고, 많은 지진에도 이겨낼 정도의 견고한 문화였기 때문이다.

테오티와칸은 멕시코시티에서 50km 떨어진 곳에 신神들로 둘러싸인 회색빛이 감도는 녹색 관목지대 위에 세워진 도시 건축물이다.

기원전 100년에서 600년 사이에 번영했다는 설과 기원전 1500년에서 1000년 사이에 번성기를 누렸다는 설이 있지만, 테오티와칸의 도시 크기는 반경 30km가 넘었고, 인구는 20만이었다고 하니 당시의 로마 인구 5만과 비교하면 그 크기와 융성함이 어떠했는지를 상상할 수 있을 것이다.

이 도시는 12세기경 아스텍인들이 제국도시를 만들다 우연히 발견된 도시로서 현재의 이름들은 테오티와칸인 들의 이름이 아니라 아스텍인들이 지어 준 이름이라고 한다.

이렇게 거대하고 번성된 문화를 가진 테오티와칸인 들이 언제 어떻게 사라졌는지 모른다고 하니 무상할 따름이다.

이 도시의 주 건물은 케찰코아틀 신전, 태양의 피라미드, 죽은 자의 길(死者의 길)이다.

우선 규모와 크기에 놀라게 된다.

케찰코아틀 신전에서 북쪽으로 난 사자의 길은 폭이 8차선 폭에 길이가 달의 피라미드까지 4km에 달한다.

중간에 태양의 피라미드가 있는데 높이가 71.17m, 밑변의

둘레가 893.89m로 4단의 단계로 된 피라미드이다.

달의 피라미드는 태양의 피라미드보다 작으나 형태는 비슷하며, 이 두 피라미드를 건설하기 위해 350만 톤의 돌과 흙이 사용되었으며, 1만5천 명의 노동자가 30년 간 건립을 하였다 한다.

43.5도의 가파른 태양의 피라미드를 올라갔다 내려오는데 이름 모를 혼혈 인디오가 계단에 앉아 구슬픈 피리를 불고 있다.

모든 시름을 잊으려는 듯, 옛 영화를 다시 불러오려는 듯, 지금의 신세를 한탄하는 듯 애절하게 피리를 불어댄다.

그 옛날의 영화도 지금의 한탄과 시름도 한 가락에 실어 보내는 모습을 보고 있노라니 찰나의 순간에 지나치는 나에게 무상함을 느끼게 한다.

마야문명을 찾아서-2

휴향 도시이며 우리 옛 조상들의 슬픈 사연이 있는 유카탄 반도의 칸쿤으로 향했다.

칸쿤은 카리브해의 사주沙州로 생긴 천연의 휴양도시다.

또한 유전油田의 발견으로 새롭게 개발되는 신도시이며 한편으로는 개발이라는 미명 아래 마야문명을 파괴하는 현장이기도 하다.

밀림의 허리를 자른 고속도로를 따라 치첸이트사로 향했다.

아직도 밀림 속에는 인디오들이 자신만의 언어와 문화를 가지고 빈곤하게 살아가고 있단다. 1200년 전 마야족이 세운 도시로서 마야족의 진수를 알 수 있는 곳이다.

치첸이트사에는 쿠쿨칸 신전, 전사의 신전, 구기장球技場, 희생의 샘이 있다.

쿠쿨칸 신전은 높이가 30m로 지구라트(Ziggurat : 고대의 네모 반듯한 계단 모양의 성탑) 모양의 성탑이다.

이 신전에는 마야인의 과학이 담겨 있다.

네 개의 계단은 각각 91칸이어서 정상의 계단까지 합치면 전체 계단은 정확히 365칸이 된다.

이것은 태양력의 1년 날수와 동일하다.

이 고대 신전은 춘분과 추분에 삼각형의 빛과 그림자를 이용해서 시계처럼 정확하게 북쪽 계단에 거대한 뱀이 꿈틀거리도록 기하하적 디자인과 방위로 만들어졌다.

이러한 건축 효과 때문에 고대부터 지금까지도 매년 춘분과 추분에는 북쪽 계단에서 3시간 22분 동안 뱀이 꿈틀거리고 있다.

또 북쪽 계단 앞에서 손뼉을 치면 공명 현상으로 메아리 현상이 일어난다.

이 모든 것을 통해 과거 마야인의 수학적. 천문학적 수준과 종교적 의식 문화가 얼마나 발달하였는지를 알 수가 있다.

전사의 신전, 구기장, 희생의 샘은 마야인의 의식구조와 내면세계를 알아 볼 수 있는 중요한 곳이다

전사의 신전 위에는 '차크몰의 우상' 이라는 조각물이 있다.

절반은 누워있고 절반은 일어나 있으면서 배 위에 빈 접시

를 들고 있는 모습이다.

이 접시는 전쟁에서 승리한 전사나 구기장에서 승리한 자를 위대한 영웅으로 만들어 신에게 그들의 심장을 바치던 곳이다.

접시에 올려 놓인 심장을 당시의 신神인 제규어나 독수리가 가져가면 그들은 불멸의 영웅이 된다고 믿었다.

또 희생의 샘은 5세 미만의 똑똑하고 잘생긴 소녀를 웅덩이 샘에 집어넣어 죽이는 곳이었다.

'차크몰' 이나 희생의 샘에서 행해지는 모든 의식은 '제5의 태양의 시대'를 연장하기 위한 의식이었단다.

마야인들은 제1의 태양 시대가 4008년 간 지속하다 대홍수에 의해 멸망하고, 제2의 태양 시대는 4010년 간 지속하다 바람의 뱀에 의해 멸망하고, 제3의 태양 시대는 4081년 간 지속하다 불에 의해 멸망하고, 제4의 태양 시대는 5026년 간 지속하다 피와 불의 홍수로 멸망하였다고 믿었으며, 지금의 제 5의 태양시대는 전사와 어린 소녀의 희생을 통해 멸망을 연장할 수 있다고 믿었다.

또한 제5의 태양의 시대의 멸망을 구원할 사람이 "흰 수염을 한 백인이 동쪽에서 배를 타고 나타난다."고 믿었다.

전사의 신전에는 제5의 태양의 시대가 끝나는 때를 서기 2012년 12월 23일이라고 적고 있다.

그러니까 2012년 12월 23일에 현재의 모든 인류가 그 무엇에 의해 멸망한다는 것이다.

희생의 샘에서 어떤 할머니가 어린 손녀를 데리고 와서 희생의 샘에 대해 설명을 해 준다.

차츰 어린 소녀의 얼굴색이 흑색이 되고 마침내 울음을 터트리고 말았다.

마치 자신이 희생의 샘에 빠진 듯했다.

역시 죽음은 무섭고 두려운 모양이다.

전사의 심장이나 소녀의 희생이 제5의 태양의 시대를 얼마나 연장했는지는 모르나 마야인 들은 흰 수염을 한 동쪽에서 배를 타고 온 백인(스페인)에 의해 손 한 번 써 보지 못하고 정복되어, 지금은 밀림 속 어두운 곳에서 빈한한 생활을 하고 있다.

번영과 영화가 한순간이라는 생각이 든다.

정말로 서기 2012년 12월 23일에 인류의 종말이 올 것인가?

얼마 남지 않은 종말을 생각하니 인간 무상을 느낀다.

법구경法句經 무상품無常品에 나오는 한 구절을 음미해 본다.

이 몸을 어디에 쓸고? 항상 악취만 나오니,

병들고 곤하니 늙고 죽음 근심 뿐이다.

是身何用 恒漏臭處 爲病所困 有老死患

욕심을 즐기고 방자하니, 비법만 더한다.

변화함을 보고 듣지 못하니, 수명이 덧없을 뿐이다.

嗜欲自恣 非法是增 不見聞變 壽命無常

톤레삽 호수Tonle Sap Lake

우선 톤레삽 호수를 소개하자.

톤레삽 호수는 캄보디아 중서부에 있는 인도차이나 반도의 최대 호수이다. 세계에서 러시아의 바이칼 호수 다음으로 큰 호수로서 건기乾期때 최저수위는 3000㎢, 우기雨期에는 1만㎢이다.

호수의 전체 모습은 긴 고구마형으로 남쪽으로 톤레삽강이 흘러 프놈펜 부근에서 메콩강과 합류하여 남지나해로 들어간다. 이런 지형적 특성 때문에 1년에 한 번씩 기이한 현상이 일어난다. 즉 우기 때 메콩강 물이 범람을 하면 톤레삽강을 통해 톤래삽 호수로 메콩강 물이 역류하는 일이 일어난다. 따라서 건기 때는 호수의 수심이 1m 안팍이나 우기 때는 14m에 이른다. 그래서 톤래삽 호수는 메콩강 하류의 홍수를 막아주는 거대한 수장고水藏庫 역할을 한다.

내가 톤래삽 호수를 찾은 때(2005년 8월)는 우기여서 호수 전체가 황토색 흙탕물로 넘실대고 있었다. 톤래삽 호수大湖 이름처럼 광활한 지평선 모두가 만추晩秋에 풍요로운 곡식들로 너울너울 황금물결을 이루는 듯했다. 이는 옛 캄푸치아인들의 모습처럼 보였다. 어魚자원이 풍부했고, 1년에 4모작으로 곡물이 풍성했으며, 농수산물의 중개무역 지역이었던 톤래삽 호수에 깃들여 살았던 옛 캄보디아인인 크메르족은 동으로는 베트남, 서북으로는 태국 중앙을 지나 인도 접경까지, 북으로는 라오스 전체를 점하면서 인도차이나의 맹주로서 앙크로톰과 앙코르 왓트와 같은 문화유산을 남기며 웅대한 국가를 이루고 살았다.

400-500년이 지난 지금 톤래삽 호수와 더불어 사는 캄보디아인들은 조상들의 영화는 어디로 가고 가난이라는 굴레에 얽매어 살아가고 있었다. 프랑스의 식민지, 크메르 루즈군과의 내전, 베트남군의 침공 등 전쟁은 톤래삽 호수를 황폐하게 하였고 그 곳에 둥지를 튼 크메르족의 후예들을 가난 속으로 몰아넣었다.

전쟁과 가난!

전쟁은 가난을 낳는다. 우리에게도 전쟁과 가난이 있었다.

불과 50여 년 전의 일이다. 한국 전쟁은 우리에게 파괴와 가난을 가져다주었다.

톤래삽 호수에 도착하니 검붉은 황토 물과 더불어 남루하다 못해 헐벗은 수상촌 아이들이 퀭한 눈으로 초점 없이 다가와 '원 달러'를 외치고 있다.

이 모습을 보며 나의 50년 전을 더듬어 보았다. 내가 9살 때 나는 인천 송도에 살았다. 과거 인천 송도에는 영국군과 미군이 지금의 송도 유원지에 주둔하고 있었다. 아마 주말이었으리라. 유엔군이 부대 밖으로 나오면 그들을 따라 다니며 '원 달러'를 외쳤던 기억이 난다. 나는 그때 '원 달러'의 의미를 몰랐다. 단지 '원 달러'를 받으면 왕 눈깔사탕을 먹을 수 있다는 사실만 알았다. 오직 달콤한 왕 눈깔사탕만이 즐겁고 행복한 것이었다.

지금 톤레삽 아이들은 '원 달러'의 의미를 알까?

측은하고 불쌍한 생각과 나도 모르게 나의 50년 전 회상에 저져 무심결에 '원 달러'를 건네주었다.

"돈을 주지 마세요! 그건 적선이 아니라 독약이야요"

갑자기 여행 안내원이 소리쳤다.

돈을 주면 저 아이들은 자기가 할 일인 공부는 안 하고 동량과 구걸로 세월을 보낸다는 것이다. 그러니 돈을 주는 것은 아이들을 위하는 것이 아니라 망치는 일이라고 했다. 그 말에 나는 겸은 적고 송구스러운 마음에 아이들을 둘러보며 "노 머니no money"를 다급하게 내뱉으며 주머니 속의 달러 뭉치를 만지작거리고 있었다.

배를 타고 물길을 따라 톤레삽 호수 가운데로 나갔다. 물길 주위에는 수상 가옥들이 50년 전 우리의 '하꼬방箱子房'처럼 줄지어 서 있다. 그곳이 삶의 터전이며 보금자리인 것이다. 당구장도 있고, 가게도 있고, 병원도 있고, 학교도 있고, 교회도 있고, 닭도 자라고, 개도 소리쳐 울고, 오수를 즐기는 그물 그네도 있다.

배에서 태어나서 죽어 톤레삽 호수 속으로 수장水葬되는 날까지 배 위에서 삶을 이어가는 이들이 행여 육지에 올라오면 땅 멀미를 한다고 하니 땅에서 자란 나에게는 배 멀미와 땅 멀미의 차이가 무엇인지 구분이 안 갔다.

너울이 심한 톤레삽 호수 멀리 들어가니 호수의 끝은 알 수 없고 수평선이 우리 주위에 큰 원圓을 그리고 있다. 호수의 크기가 우리나라의 경기도만 하다니 호수의 끝이 보일 리 만무하다.

그때 저 멀리 작은 점点 하나가 우리를 향해 오고 있었다. 점점 가까이 와서야 그 점이 양동이를 배 삼아 타고 앞으로 노櫓를 저어 오고 있는 한 아이라는 것을 알았다. 정말로 양동이에 아이가 앉아 앞으로 노를 저어 우리를 향해 오고 있었다. 신기한 것은 심한 너울에도 양동이가 물에 빠지지 않는다는 것과 노를 뒤에서 젓는 것이 아니라 앞으로 젔는데도 속도가 무척 빠르다는 것이다. 물 위에서 태어나 자란 아이의 기묘한 생활 기술인 것이다. 그 모습에 넋을 잃고 있는 우리에게 묘기를 보여준 이 아이가 다가와 하는 말이 '원 달러'였다.

가난! 가난이 저 아이를 위험한 너울을 해쳐오게 하고 비참하게 '원 달러'를 외치게 하지만 가난 자체가 불행일까?

가난과 불행 !

50년 전 나의 '원 달러'와 지금 저 아이의 '원 달러'가 가난 때문에 생긴 불행일까? 50년 전 나는 '원 달러'가 불행하다고 생각하지 않았다. 단지 왕 눈깔사탕 뿐 이었다. 지금 저 아이의 '원 달러'는 무엇일까?

나는 속으로 기원했다. "다시 50년이 지난 먼 훗날 '원 달러'의 의미가 불행이 아니고 가난을 이겨내는 행복의 '원 달러'가 되었으면 좋겠다."

나는 또 속으로 당부했다. "아이야! 그 멋진 기술과 묘기로 먼 훗날 달러 뭉치를 주머니 속에서 만지작거리는 아이가 되렴."

바이칼 호수-1

바이칼 호수는 세계 최대 담수 호수다.

바이칼 호수로 가는 길은 간단하지가 않았다.

지도상으로 보면 어려울 것이 없다.

러시아 극동 하바로브스키에서 이르쿠츠크로 가는 길과

몽골의 울란바트르에서 이르쿠츠크로 들어가는 두 가지 길이 있다.

나는 몽골의 울란바트르를 거쳐 이르쿠츠크로 가는 길을 택했다.

울란바트르에서 아침 9시에 출발하기로 된 비행기가 오후 4시 반에 이륙하였다.

울란바트르의 좁은 공항에서 7시간 이상을 갇혀 있게 됐다.

바이칼 호수를 본다는 것이 쉬운 일이 아닌가 보다.

세계 최대 호수를 하찮은 필부가 근접하겠다고 나선 것이 처음부터 잘못된 모양이다.

좀 더 마음과 몸을 정갈하게 할 것을 …….

이르쿠츠크 공항에서의 입국 또한 쉽지가 않았다.

우선 출입국 신고서를 쓰는 것이 문제였다.

우리는 지금까지 여러 나라를 여행하면서 출입국 신고서에 영어로 기재하는 버릇이 있다.

그런데 러시아에서는 영어가 통하지 않았다.

다시 말해 우리가 러시아의 알파벳을 모르듯이 러시아 사람들도 영어의 알파벳을 몰랐다.

우리는 습관적으로 러시아 출입국 신고서에 영어 알파벳으로 국적, 이름, 숙소 등을 적었다.

이는 러시아 사람들에게는 하나의 암호에 지나지 않았다.

그래서 모든 사람이 다시 러시아 알파벳으로 출입국 신고서를 써야 했다.

그런데 아무도 러시아 알파벳을 모를 뿐 아니라 러시아 사람 역시 영어를 모르니 의사소통이 될 리가 없었다.

시간은 자꾸만 가고, 무심한 러시아 출입국 관리는 석고상과 같이 무뚝뚝하게 서서 멀뚱히 눈만 두리번거리고 있었다.

간신히 대필을 통해 입국을 할 수 있었으나 그 지루했던 시간은 지친 마음을 초조하고 두렵게 하였다.

역시 바이칼 호수는 쉽게 볼 곳이 못 되는 모양이다.

천신만고 끝에 이르쿠츠크 호텔에 투숙을 했다.

비행기의 지연 출발과 더디고 힘든 입국 수속으로 그날의 여행 스케줄은 엉망이 되었다.

여행 스케줄은 엉망이 되었을망정 호텔에 여장을 풀 수 있다는 사실이 힘겨운 마라톤의 종착지에 도착한 기분이다.

아직 바이칼 호수의 한 자락도 보지 못했는데 말이다.

모진 고생과 역경을 헤치고 나와 몸과 마음이 지칠 대로 지쳤는데 잠을 한잠도 잘 수 없었다.

광풍이 불어 창문은 덜커덩거리고 세찬 비바람은 마음을 스산하게 하고 창밖에 점멸하는 불빛은 괴기영화에 스쳐 가는 귀신의 눈빛과 같았다.

아하! 내가 왜 이런 날을 택해서 왔을까?

왜 하필이면 내가 오는 날, 날씨가 이 모양이란 말인가?

수만 년 동안 내려오는 한순간의 자연 현상을 애꿎은 마음으로 힐난해 보았다.

7시간 이상의 비행기 지연, 매끄럽지 못한 입국 수속, 불길한 날씨…….

이 모든 것이 나의 허물 때문일까?

아니면 바이칼 호수가 나를 거부하는 뜻일까?

다음날 아침 굵은 비바람의 해코지를 무릅쓰고 1시간 거리에 있는 바이칼 호수로 향했다.

흔히 자원은 하늘이 주는 은혜라고 한다.

이 은혜의 수혜자가 시베리아의 수해樹海다.

끝없이 펼쳐지는 자작나무의 바다는 그 속에 더불어 사는 사람들을 풍요롭게 하고 넉넉하게 감싸 준다.

마치 보리밭의 고랑처럼 난 고속도로를 지나노라니 내가 자작나무로부터 열병閱兵을 받는 듯했다.

갑자기 달리던 차가 서행을 한다. 좌측을 보니 노루 한 마리가 촉촉이 빗물에 젖은 아침의 새순을 뜯고 있다.

우리를 반기듯이 머리를 들어 귀를 쫑긋 세우고 머리를 아래위로 조아리며 인사를 한다.

자신의 뜀뛰기를 자랑이라도 하듯이 좌우로 서너 번 잔가지 나무를 넘나든다.

그러더니 짧은 뒤꼬리를 치켜세우고 두어 번 흔들더니 큰 숲으로 사라진다.

이는 행운이란다.

좀처럼 만나기 힘든 길물吉物을 만났다고 한다.

지금까지의 피로가 한순간에 가시는 듯했다.

영물인 노루를 이역만리 먼 시베리아에서 조우를 하다니 …….

노루 덕분인지는 몰라도 앙가라 강변의 바이칼 호수에 도착하니 엷은 햇살이 우리를 반겼다.

나는 바이칼 호수를 처음 보는 순간 실망을 했다.

맑고 푸른 잔잔한 호수 지평선에 유유히 배가 떠다니는 그림만 상상했던 나에게 오늘의 바이칼 호수는 거친 파도에 물보라가 여울지고 어젯밤 비에 씻겨 내린 앙가라 강변 토사는 검붉은 띠를 이루고 있었다.

이런 호수라면 청평 호수만 가도 볼 수 있었을 텐데, 통나무집에 투숙을 했다.

인간이 자연에 순응하면 자연은 인간에게 무한한 보금자리를 주는 모양이다.

통나무집이라 불편할 줄 알았는데 포근하고 질박한 모습이 마음을 부드럽게 한다.

과거 시베리아의 사람들이 자연으로부터 얼마나 많은 혜택을 받았는지를 통나무 박물관을 보고 느꼈다.

말 그대로 통나무 박물관은 통나무로 이루어진 민속촌이었다.

교회, 성체, 대장간, 마구간, 학교, 목욕탕(사우나) 등 모두가 못釘 하나 사용하지 않고 통나무로 만들어져 있었다.

멍에, 절구통, 방망이, 함지박, 달구지 등 생활 도구가 모두 통나무로 된 것은 이해가 갔으나 맷돌이 나무로 된 데에는 할 말을 잃었다.

언덕 위 통나무집에서 내려다보는 바이칼 호수의 저녁놀은 피로에 지친 나그네의 마음을 감상에 젖게 했다.

30여 채의 고즈넉한 마을이 박모薄暮에 젖어드니 바이칼 호수 위 반달은 호수면 저 멀리 백야白夜의 길잡이가 되는구나.

지금이 몇 시인가?

밤 11시가 넘었구나.

밤 11시인데도 이렇게 훤하단 말인가?

아하! 백야로구나. 백야!

바이칼 호수-2

다음날 우리는 전통 음식을 대접받았다.

두 명의 아리따운 여인이 붉고 파란 긴 치마를 입고 앞에는 흰 앞치마를 두르고, 윗저고리는 흰 블라우스에 검은 리본을 달고, 머리에는 화관모와 같은 모자를 쓰고 단정히 앞마당에 나와 우리를 맞이했다.

한 여인은 두툼한 러시아 빵을 쟁반에 받쳐 들고 빵 위에는 흰 소금이 있었다.

다른 여인은 보드카를 작은 잔에 따라 쟁반에 받쳐 들고 우리를 환영했다.

손님에 대한 시베리아의 전통 예절이라 했다.

한 나라의 문화를 알지 못하면 고생을 하는 법이다.

빵에 소금을 찍었으니 얼마나 짰을까?

식탁에는 바이칼 호수에서만 난다는 진기한 생선인 '오믈'이 나왔다.

크기와 모양이 고등어와 비슷했다.

이 '오믈'이 바이칼 사람들에게는 주된 생선이며 모든 요리에 많이 사용된다고 한다.

회膾로, 훈제로, 찜으로, 튀김으로 다양하게 요리를 한다고 한다.

맛이 어떠냐고요?

우선 회를 말하면, 우리의 생선회와는 조금 차이가 있었다.

우리는 생선회를 생선 그대로 회를 만드는데 바이칼 사람

들은 생선회에다 소금을 뿌리는지 조금 짭짭한 맛이 났다.

그래서 짠맛과 '오믈' 특유의 비린내가 가미되어 있었다.

우리의 생선회와 같이 쫀득쫀득한 맛이 없고 좀 물렁물렁한 기분이 들었다.

그러나 이곳에서는 '오믈' 생선회가 최고의 손님 접대이라고 한다.

다음은 훈제 요리다.

'오믈' 훈제는 배를 가르고 자작나무로 훈제를 한 요리다.

보기에는 노릿노릿한 모양이 매우 맛깔스럽다.

기름도 많지 않고 지느러미를 포함해서 생선의 모든 부위가 정갈스럽게 구워져 있어서 참 맛있어 보인다.

그러나 내 입맛에는 맞지 않았다.

훈제된 '오믈'을 입에 넣으면 처음에 자작나무 냇내가 코를 찌른다.

다음으로 비린내가 입 안에 가득 찬다.

다음은 찜과 튀김요리다.

불로 가열을 하였기 때문에 비린내도 없고 부드러운 맛이 우리의 고등어와 같아서 먹기에 순하고 입맛에 맞았다.

고소하고 기름이 많지 않아 느끼하지도 않았다.

입맛이라는 것이 어릴 적 입맛이라고 했듯이 아무리 좋은 음식이라고 해도 우리가 바이칼 사람이 아닌 이상 '오믈'의 참

맛을 알 수가 없었다.

오후 통나무집으로 다시 올라 왔을 때 객기客氣가 동하는 일이 생겼다.

아니, 저럴 수가 있을까?

아직 대낮인데 여자가 팬티와 브래지어만 하고 돌아다니다니.

어허. 한번 수작을 부려 볼까?

무작정 그녀를 따라갔다.

4명의 여자가 모두 팬티와 브래지어 차림이다.

내 스스로 민망할 정도다.

그러나 그녀들은 아무 거리낌 없이 재잘거리고 흥겹다.

이들은 여대생으로 방학을 기해 바이칼 호수로 캠핑을 온 것이다.

지금 이들은 보드카에 취해 있었고 반라의 모습이다.

나도 모르게 자꾸만 앞가슴과 아랫도리로 눈길이 가는 것은 먼 여정의 객고 때문일까?

그러나 이들은 나의 마음과는 달리 나에게 보드카를 권하면서 보드카의 주법을 가르쳐 주었다.

보드카를 먹을 때는 보드카를 한 잔 마시고 나서 다음에 곧 체리주스를 한 모금 마셔야 한단다.

그래야 보드카의 독한 술기운을 제거할 수 있단다.

체리주스가 아니면 오이 피클을 하나 먹기도 한단다.

나의 의도와는 달리 보드카 주법만 배우고 헤어지려니 이들이 다시 보드카를 권한다.

이들의 전통 예법에 서로 헤어질 때에는 보드카 한 잔을 서로 마신단다.

공연히 객기를 부리다가 못 먹는 보드카만 들이키게 되었다.

이제는 바이칼을 떠나는 날이다.

들어올 때의 고생을 생각해서 모든 준비를 착실히 한 탓인지, 동양의 먼 손님에게 심한 강짜를 부린 것이 미안했는지 출국 때는 수월했다.

45인승 프로펠러 비행기의 요동이 다소 불안했으나 창밖에 펼쳐지는 바이칼의 전모는 또 다른 경이와 감탄의 순간이었다.

우선 바이칼 호수의 크기에 놀랐다.

바이칼 호수가 우리나라 남한만 하다느니 어느 것과 같다느니 하는 것보다 단지 크다, 크다 라고만 말할 수 있을 것 같다.

비행기가 8,000m 상공을 날고 있다. 그런데 바이칼의 바닥이 보인다.

이리저리 물속의 지형이 보인다.

얼마나 맑으면 8,000m 상공에서 물속의 지형을 볼 수 있을까?

그냥 맑구나! 맑아! 이 한마디뿐이다.

바이칼이, 아니 이 모든 것이 나를 또 부를 것 같다.

티베트 촌보寸步-1

1. 성자聖者의 구걸

2006년 10월 1일 청두成都의 새벽 5시 30분 우중충한 날씨에 뿌리는 빗줄기는 '영혼의 땅, 윤회의 땅, 환생의 땅, 신비의 땅' 티베트 라사Lhasa로 가는 길을 어둡게 만든다.

고도 4,000m를 넘나드는 세계의 지붕 티베트에 가장 큰 복병은 누구나 찾아온다는 고산병이다.

고산병을 간단히 설명하면 고산의 산소 부족과 낮은 기압으로 호흡곤란, 두통, 어지러움, 무기력, 식욕 부진이 생기고, 심하면 폐수종. 신 부종 등이 발생하여 죽음에 이르게 된다고 한다.

예방 조치로는 심호흡을 하고, 급작스런 행동이나 과격한

운동을 피하고, 물을 많이 마시고, 소변을 자주 보아서 혈액 순환을 돕고, 일정 기간, 즉 적응이 될 때까지 안정을 취하는 것이 좋다고 한다.

치료제로는 성발기 부전 치료제인 비아그라와 이뇨제를 준비하는 것이 좋다고 한다.

비아그라는 남 보기 남세스러워서 이뇨제만 준비를 했다.

비행기가 좌우에 고준 설봉을 끼고 얄롱창포 강으로 내려가는 모습이 마치 내가 행글라이더를 타고 계곡 사이를 날아가는 듯했다.

신神의 땅 라사에 도착하니 걱정했던 것보다는 고산증이 심하게 나타나지 않았다.

어떤 이는 도착 즉시 쓰러지는 경우도 있다고 한다.

푸르다 못해 파란 비취색 하늘이 흰 구름과 더불어 나를 환영하는 듯했다.

공가 공항에서 라사 시내까지는 라사 강을 따라 1시간이 걸린다.

산허리는 민둥산으로 나무 한 그루 없고 거무튀튀한 모습이 인간은 살 수 없고 신과 정령들만이 사는 곳 같다.

티베트의 도시 형태는 고산준령 사이에 협소한 계곡을 따라 형성된 것이 보통이다.

라사 역시 주위 우체 산을 끼고 계곡이 있고, 라사 강을 중

심으로 도시가 형성된 티베트의 성도省都이다.

티베트의 주거 모습은 대부분 사각형의 네모난 2층집이다.

강우량이 적기 때문에 곡식이나 건초를 말리기 좋게 지붕이 평평한 스라브 형태이다.

또 이상하고 특이한 것은 집집마다 지붕 위에 '탈초'라는 5가지 색깔青白赤綠黃의 깃발을 꽂아 놓았다는 것이다.

이 '탈초'는 세상의 모든 것, 즉 청은 하늘을, 백은 구름을, 적은 부富를, 녹은 강과 호수를, 황은 땅을 나타내면서 하늘의 정기를 그 집에 전해 주는 가교 역할을 한다고 한다.

1층은 짐승이나 가축들이 있고, 2층에 사람이 생활을 한다.

라사까지 가는 길옆에 있는 집에는 탈초와 함께 중국 오성기가 걸려 있다.

합병된 나라의 설움이 배어나온다.

오후에 '아름다운 공원'. '보석공원' 이라는 노블랑카를 찾았다.

말 그대로 주위의 삭막한 민둥산과는 달리 아름드리 자작나무 숲이 강렬한 고산의 햇빛을 막아 주고 있다.

인도에서 망명정부를 이끌고 있는 14대 달라이 라마가 머물렀던 '여름궁전'이다.

1950년 중국의 침범으로 합병된 티베트는 고유의 티베트 문화와 중국의 '서남공정'이 부딪치는 충돌과 완충의 지대이다.

어디선가 어지러운 음악 소리가 들렸다.

티베트의 전통 무용을 곁들인 공연이 한창이다.

가만히 음악을 들어보니 우리나라의 굿거리장단과 같은 음악에 춤사위도 굿판의 만신 춤과 유사하다.

나라 잃은 설움과 한이 음악과 춤으로 나타난 듯하다.

다음날 아침 드레풍 사원을 찾았다.

'쌀더미'라는 뜻의 이 사원은 겔로파의 6대 사찰 중 하나이며 한때는 1만 명이 넘는 승려들이 수행을 했다는데 지금은 500여 명만이 절을 지키고 있다.

사원으로 올라가는 길에 마니차를 돌리며 '원 달러!' 혹은

'원 위엔'을 외치며 구걸을 하는 성자聖者들이 많다.

마니차란 둥근 통 안에 경전을 넣어 놓고 이 통을 돌리면 경전을 한번 외는 효과가 있다는 수행도구이다.

구걸을 하면서도 수행 도구 마니차를 놓지 않고 정진하는 모습을 보고 신심信心의 정도를 알 것만 같다.

올라가니 큰 마니차를 수차水差에 의해 물레방아처럼 돌리고 있다.

물레방아식 마니차 옆에도 보시를 받는 것인지 구걸을 하는 것인지 알 수 없는 사람이 앉아서 돈을 받고 있다.

사원 안으로 들어가니 스님이 큰 돈다발을 가지고 순례자들에게 잔돈을 거슬러 주고 있다.

순례자들이 모든 불상이나 경전에 보시를 하니 대상이 너무 많아 큰돈으로 보시를 하기에는 너무 벅차, 잔돈으로 보시를 하고 있다.

그 금액이 1각角이다.

우리 돈 1전錢에 해당된다.

스님의 환전 모습이 구걸인지 득도得道인지 알 수가 없다.

다음은 죠캉 사원大昭寺을 찾았다. 죠캉 사원은 티베트를 통일한 송첸캄포 왕이 당나라의 문선공주와 결혼 때, 문선공주가 가지고 온 12세 때 석가모니상을 모시기 위해 지은 절이다. 그래서 티베트어로 죠캉 사원을 '부처의 집'이라고 한다.

티베트 불교의 본산인 셈이다. 따라서 티베트인들은 평생에 한 번 죠캉 사원을 순례하는 것이 소원이다.

순례도 그냥 순례가 아니다.

오체투지五體投地를 하면서 순례를 하는 것이다.

티베트 전국에서 오체투지를 하면서 몇 달 내지 몇 년을 걸려 죠캉 사원을 향하고 있다.

오체투지란 사지四肢와 온 몸을 땅에 엎드려 자신을 한없이 낮추어 신에게 경배하는 것을 말한다.

이것을 한 번만 하는 것이 아니라 몇 날, 아니 몇 년을 계속 한다니 우리에게는 상상이 안 가는 일이다.

죠캉사원 앞에 오체투지를 하는 수많은 사람들을 보고 있는데 때마침 먼 지방에서 죠캉 사원을 보기 위해 오체투지를 하면서 올라온 순례자가 있었다.

세 아들과 어머니로 된 순례 팀이다.

세 아들들은 오체투지를 하면서 죠캉 사원을 왼쪽으로 돌고 있고 어머니는 수레를 끌고 있다.

시골집에서 순례를 떠날 때 끌고 온 수레다.

수레에는 하다(哈達: 행운과 안녕과 부를 나타내는 흰 천)가 수북하게 쌓여 있다.

한 무리의 사람들이 이 순례자를 따라가면서 하다를 던져주거나 돈을 수레에 꽂아 준다.

이미 이 순례자들은 성자가 됐다. 뭇사람들로부터 존경과 숭배의 대상이다. 이는 구걸이 아니다. 성자의 권리이다.

순례가 생활이고 오체투지가 집안의 전통인 티베트인의 영혼세계인 것이다.

다음은 포탈라布達拉 궁을 찾았다.

티베트의 상징이며 티베트인의 영혼의 고향인 포탈라 궁은 '깨끗한 땅'으로 보타산普陀山 정상에 높이 119m, 고도 3,700m 위에 돌과 흙과 나무로 만들어진 13층 건물로, 방이 1,000칸이나 되는 유네스코 세계문화유산에 등록된 세계적인 건물이다.

포탈라 궁은 송첸캄포 왕이 건립한 후 화재로 파괴된 것을 5대 달라이 라마가 재건축하여 지금 인도에 망명해 있는 14대 달라이 라마가 마지막까지 기거했던 궁이기도 하다.

포탈라 궁은 역대 달라이 라마가 살면서 나랏일을 돌보던 백궁白宮과 각 달라이 라마의 영탑을 모셔 놓은 홍궁紅宮으로 구분되어 있다.

웅장함과 화려함은 옛 티베트의 영화와 티베트 불교문화의 극치를 나타내는 듯하다.

특히 제5대 달라이 라마의 영탑Stupa은 높이 12.6m, 넓이 7.65m 에 들어간 금金이 3,721kg으로 가장 크고 아름답다.

순례자 아닌 관람객이 청짱열차가 개통된 후 너무 많이 몰려들어 입장객 수를 1일 1,000명으로 제한하고 시간대별로 입장을 시키고 있다.

관람 시간도 입장 후 1시간이다.

숨 가쁘게 포탈라 궁을 돌고 나니 약간 고산 증세가 나타난 듯했다. 홍궁을 지나 포탈라 궁 후문으로 나오니 1개월도 안 된 아이를 안은 20대 여인이 애처로운 중생의 고단함을 달래 달라고 하면서 구걸의 손을 내민다.

저 구걸의 손이 독립을 갈구하는 티베트인에게 '깨끗한 땅'의 영음影陰으로 성자의 구걸이 되었으면 좋겠다.

티베트 촌보寸步-2

2. 삶, 삶, 삶.

2006년 10월 3일 …….

어제 포탈라 궁 관람이 무리였는지 아침 기상이 깨끗하지가 않다.

산소 부족이 이렇게 무서운 줄은 몰랐다.

지금까지 우리가 살면서 산소의 존재를 알고 지낸 적이 있었는가?

공해가 어떻고 오염이 어떻고 해도 나와는 관계없는 것으로 생각하고 무심히 지내지 않았던가?

티베트에 와서 산소가 삶의 절대 필수조건이라는 것을 어리석은 자가 마치 천재의 깨달음을 깨닫듯이 알고 간다.

오늘은 버스 여행이다.

시가체Shigatse를 거쳐 장체Gyangtse까지 550km의 거리를 7시간에 걸쳐 가는 버스 여행이다.

시가체와 장체가 일직선상에 있는 것이 아니라 시가체에서 다시 동남쪽으로 라사 쪽을 향해 거슬러 올라가는 형국으로 시가체, 장체, 린붕그Rinbug를 꼭지점으로 하는 삼각형 형태이다.

먼저 '성스러운 호수'라는 4,482m의 얌드록쵸 호수로 향했다.

4,794m의 강바라 고개까지 올라가기 위해 수없이 많은 굽이굽이를 돌아야 한다.

허덕이며 1시간 가까이 올라가는데 6~8명으로 된 산악 자전거 팀을 만났다.

자동차를 타고 올라가는데도 숨이 차고 힘든데 어떻게 자전거로 4,000m가 넘는 산악을 올라 갈 수 있단 말인가?

고산병은 차치하더라도 체력이 어떻게 버티어 주느냐 말이다. 그것도 여자라면 …….

이는 인간의 삶이 얼마나 다양하고 인간의 한계가 어디까지인지 가늠하기 힘들게 만든다.

숨 한번 고르지 않고 힘차게 올라가는 산악 자전거 팀의 모습을 보면서 나는 나의 나약함을 가쁜 숨에 얹어 그냥 넘어간다.

나의 나약함은 얌드록초 호수를 보는 순간 어디론가 사라지고 탄성으로 변했다.

인간의 물감으로는 저 에메랄드빛을 만들어 내지 못할 것이다. 신神만이 만들고 창조할 것이다.

내 손을 저 호수에 담그면 내 손은 신이 만든 물감에 물들여지리라!

호수 길이 180km에 멀리 7,200m의 카로라 설산을 이고 있는 얌드록쵸 호수는 에메랄드빛과 어울려져 고단한 현세를 잊게 하는 듯하다.

티베트 나사에서 네팔의 카드만두까지 이어지는 우정공로

友精公路를 달리고 있다.

포장된 도로가 얄룹창포 강을 끼고 고도를 높이며 거슬러 올라가고 있다.

보기에는 강폭이 좁아 보인다.

돌팔매질을 하면 충분히 강을 넘길 것 같다.

돌팔매질을 한번 해본다. 어림도 없다.

팔매질한 돌은 코앞에 떨어지고 만다.

3시간을 달리니 넓은 들이 나온다.

들이라고는 하나 사실은 산과 산 사이의 계곡이다.

좁은 강폭이 변해서 큰 들을 만든 것이다.

때는 10월 추수의 계절이다.

이곳에서는 내한耐寒 조생종早生種 식물인 라이 보리밖에 재배하지 못한다. 그래서 보리가 식생활의 주식이다.

지금 보리 수확이 한창이다.

보리 낟가리가 무더기 무더기로 쌓여 있고 도리개질 대신 경운기 뒤에 돌로 된 롤러를 돌려 탈곡을 한다.

탈곡된 보리는 경운기에 바람개비를 달아 바람에 날려 알곡을 추수한다.

1년 농사의 대가를 거두는 중이다.

참으로 정겨운 모습이고 그 언젠가 보았던 풍경이 내 앞에 환생한 듯하다.

물방앗간을 지나게 됐다.

물방앗간이 우리 나라의 디딜방아와 다르다.

이곳의 방앗간은 맷돌식 방아다.

보리를 찧는 것이 아니라 갈아서 보릿가루를 만드는 방앗간이다.

이 보릿가루가 이들의 주식인 짬빠다.

이 짬빠를 야크의 버터 차에 이기거나 버무려서 먹으면 한 끼의 식사가 된다.

아주 소박하고 단순한 식사 방법이다. 그래도 이들은 세상의 모든 것을 가진 사람들이다.

어떤 이가 다음과 같이 말했다.

"세상을 다 가진 티베트 사람들, 그들은 말한다.

당신들은 너무 많이 소유하고 있어서 그것들을 잊을 수 없기에 행복할 겨를이 없는 것." 이라고.

삶의 행복은 소유에 있는 것이 아니라 영혼의 빛남에 있는 듯하다.

내 영혼의 빛이 얼마나 빛나고 있는지 알아보려고 황금빛 들판을 바라보니, 눈이 가는 곳마다 희미한 잿빛만이 비친다.

얄롭창포 강가 호젓한 마을에서 점심을 먹었다.

간이음식점에 손님이 우리뿐이다.

짬빠를 먹고 싶었지만 티베트족 주방장 아저씨의 호의로 내가 가져간 라면과 햇반을 요리해 주어서 짬빠 먹을 기회를 놓쳤다.

요새 티베트 음식점의 대부분이 중국화中國化가 돼서 전통 티베트 음식을 먹을 기회가 적다고 한다.

반세기의 합병이 음식 문화까지 뒤바꿔어 놓았다. 아쉬운 일이다.

시가체Shigatse, 日路則에 도착했다.

고도 3,500m의 시가체는 티베트의 제 2도시로 인구가 5만이라고 한다.

'토지가 풍부한 정원'이라는 뜻의 시가체는 티베트 서남부 농축산물의 집산지로 유명하다.

얄롭창포 강과 그 지류인 남체 강이 합류하는 지점이라 퇴

적평야가 넓게 펼쳐져 토지가 비옥하고 농축산이 풍부한 시가체에는 겔룩파 6대 사원 중의 하나인 타쉬룬포Tashihunpo사원이 있다.

타쉬룬포 사원을 들어서면 전면에 넓게 펼쳐지는 병풍 같은 산에 오색기로 뒤덮인 타르쵸(경전이나 소원을 천에 적어 바람에 날리는 것)를 볼 수 있다.

무슨 사연이 그렇게 많은지 온 산을 타르쵸가 뒤덮고 있다.

안에는 높이 26m, 어깨 넓이 11.5m인 금동불 미륵좌상이 있다.

여기에도 많은 참배객이 1각角짜리 지전紙錢으로 앞날의 행복과 좋은 환생을 기원하고 있다.

나도 무엇을 기원할까 생각하다가 준수하게 생기고 덕이 많아 보이는 스님에게 다가가 어리석게도 사진 한 장 같이 찍자고 합장하며 바보처럼 씩 웃어 보였다.

장체Gyantse, 江孜로 가기 위해 시가체 시내는 보지도 않고 달음질쳐서 장체로 향했다. 장체는 고도 4,000m에 위치한 티베트의 제3의 도시다. 제3의 도시라고는 하나 시내에 신호등이 하나밖에 없는 조용하고 조촐한 도시다.

신호등이 있는 사거리를 중심으로 사방 500m가 시내 전부다. 그런데 장체 호텔에 들어가니 관광객이 차고 넘친다. 관광객이 많다는 것은 이곳만이 가지는 매력이 있다는 뜻이다.

우정공로가 네팔과 이어 주는 길이라고 하면 장체의 S204 국도는 인도와 이어 주는 국도이다.

그래서 티베트와 인도를 관광하는 사람들이 모여드는 요충

지다.

또 장체에는 백거사白居寺가 있다.

백거사는 티베트의 다른 사원과 다른 점이 많다.

정문을 들어서면 광장이 있고 정면에 대법당이 있다.

대법당 앞쪽에 본전이 있어 석가모니 삼세불이 안치되어 있다.

티베트의 다른 사원과 달리 이곳 대법당에서는 고승이 불법을 설파하면 모든 승려들이 이에 대해 토론하고 공부를 하면서 교리를 넓혀 간다고 한다.

백거대탑을 돌아 광장에 나오니 개犬들이 팔자 좋게 누워 낮잠을 즐기고 있다.

이곳의 개는 게으른 승려가 죽어서 환생한 것이란다.

개로 환생했을 망정 이승에서 승려였기 때문에 다른 동물과 달리 남다른 대우를 받는다.

티베트에서의 승려는 종교인이라기보다는 모든 티베트인의 삶 그 자체인 것 같다.

오체투지를 하는 것도, 1각角짜리 지전을 보시하는 것도, 야크 버터기름을 보시하는 것도, 탈초를 거는 것도, 타르쵸를 다는 것도 다 티베트 불교의 삶, 즉 고단한 현세보다는 다가올 내세에 대한 확고한 확신을 믿는 마음이 티베트인의 삶, 삶, 삶인 것 같다.

4,000m 고지의 지난밤 잠자리가 수월하지 않았다.

숨 쉬기가 어렵고 두통이 오는 고산 증세가 있었다.

그래도 이뇨제를 먹지 않았다.

약을 먹으면 고산 적응에 좋지 않다고 한다.

벌써 3일이 지나고 4일째 들어가는데도 고산 적응이 완전히 안 된 모양이다.

아침에 일어나니 코딱지에 코피가 묻어 나왔다.

이는 정상이라고 하지만 연 3일 간 계속 코피가 나니 은근히 걱정이 된다.

이러다가 티베트에서 엉뚱하게 환생하는지 모르겠다.

티베트 촌보寸步-3

3. 티베트의 유목생활

2006년 10월 4일, 아침 7시인데도 장체 호텔이 부산하다.

인도로 가는 관광객과 다시 라사로 떠나는 사람들로 어수선하다.

코피를 흘린 덕인지 몸이 무겁지가 않다.

그래도 4,000m의 고산 위력이 있는지 움직이기가 어쭙잖다.

어제 저녁 운전기사가 이齒가 아프다고 해서 진통제를 주었는데 아침에 보니 멀쩡하다.

여행에서 일행 중 누가 아프면 난감하고 그 여행은 엉망이 된다.

운전기사가 밝게 웃으니 다행이다.

오늘 여행 일정은 다시 라사로 되돌아가 세라 사원色拉寺을 구경하는 것이다.

운전기사가 라사로 가는데 어제 온 길로 가면 시간이 많이 걸리니 지름길로 가잔다.

우리야 운전기사가 하자는 대로 할 수밖에……. 그것도 빨리 갈 수 있다니 고마울 수밖에 …….

어제는 포장된 도로를 편안하게 달려왔는데 오늘은 포장도 안 된, 밭 가운데 소로小路 길을 왔다 갔다 한다.

그것도 길을 몰라, 지나가는 사람마다 붙잡고 길을 물어본다.

이리저리 밭두렁 같은 길을 한참 지나니 퇴적 평야의 넓은 들이 나왔다.

이제는 일직선으로 된 비포장도로를 힘차게 달린다.

TV에서나 봄직한 모습이다.

달리는 자동차의 뒷모습이 끝없는 사막에 흙먼지를 날리며 달리는 자동차 경주 같기도 하고, 물보라를 하늘 높이 솟구쳐 올리며 달리는 고속 경정競艇과 같기도 하다.

털털거리고 균형 잡기가 어려워서 그렇지 재미는 있다.

티베트 여행이라고 하면 이렇게 비포장도로를 달려도 보고, 도로에 차바퀴가 빠져서 고생도 해야 티베트 여행다운 여행을 했다고 할 것이다.

지금 우리가 순수 티베트족 운전기사 덕분에 진짜 티베트 여행을 하고 있다.

1시간을 평야 같은 길을 달리는가 싶더니 갑자기 1,000m가 넘는 산을 올라가기 시작했다.

여기도 비포장이다.

왕복 1차선이다. 한 굽이를 돌 때마다 낭떠러지가 나타난다.

앞에서 차가 오면 움직일 수가 없다.

뒤에는 수십 길 낭떠러지이고 앞은 피할 곳이 없는 좁은 길이다.

굽이는 급커브다.

한번 아차 하면 끝장이다.

천 길 낭떠러지로 곤두박질 칠 판이다.

손에서 땀이 난다.

숨이 헉헉 막혀 온다.

이런 여행이 정말 재미있는 여행일까?

생명의 위협을 느끼면서 숨차게 달려 5,000m가 넘는 용라산 마루턱에 도달했다.

말로는 6,000m가 된다고도 한다.

마루턱에는 쵸르텐(돌무덤, 우리의 성황당)이 있고 오색 깃발의 타르쵸가 있다.

무사히 용라산 마루턱에 온 것을 감사히 생각하여 쵸르텐에 돌 하나를 얹힌다.

용라산 마루턱까지 오는 동안 나무 한 그루 보지 못했다.

단지 알 수 없는 짧은 억센 풀만이 온 산을 덮고 있다. 황량하기 그지없다.

생명의 위험이 어떻고, 볼거리가 없다느니, 황량하다느니 하지만 이번 티베트 S204 국도 여행이야말로 나에게는 가장 멋지고 산 경험의 여행인 것 같다.

용라산 마루턱을 넘어 10분을 가니 한 무리의 야크 떼가 우리를 반긴다.

무서워 식은땀을 흘리며 거칠고 삭막한 산길을 달리다 생명을 가진 중생을 만나니 나 또한 야크와 다를 바 없는 한낱 미물이구나.

야크 떼와 더불어 멋진 '여름궁전'이 있다.(내가 지은 이름이다)

티베트인이 여름에 푸른 초원을 찾아 올라와 한여름을 야크 떼나 양떼와 지내는 유목 가옥인 여름 궁전인 것이다.

비록 야크 똥으로 담을 치장하고 가축 분뇨를 땔감으로 쓰나 서울의 비싼 아파트가 부럽지 않네.

나는 서울에서 이런 이야기를 듣고 티베트에 왔다.

바위산에 모여 사는 마을을 지나게 되었다.

이곳에는 신기한 결혼 관습이 있다.

처녀를 아내로 맞으려는 남자가 한 사람도 없다.

왜냐하면 남자 경험이 없는 여자는 신을 기쁘게 하지 못하기 때문에 남자 경험이 많은 신부를 좋아한단다.

행여 여행객이 이곳에서 하룻밤을 보내려 하면 수십 명의 처녀들이 와서 같이 자기를 바란다고 한다.

하룻밤을 같이 잔 여행객은 정표로 장신구를 준다고 한다.

어떤 처녀는 이런 장신구를 20개나 가지고 있다고 한다.

많은 장신구를 가진 여자는 가장 존경을 받고 가장 훌륭한 아내가 된다고 한다.

그러나 일단 결혼을 하면 다른 남자와 스치기만 해도 모욕으로 생각한다고 한다.

또 이런 소리도 들었다.

티베트인들은 라사로 오기보다는 고산, 초원에서 목축을 즐긴다.

그들은 대를 잇기 위해 출가하지 않은 딸에게 흰 삐오(가톨릭의 수도승 옷)를 입혀 두 명의 아이를 낳게 한다.

아이의 아버지가 누구인지를 알 수 없다

또 이런 소리도 있다.

'르카저처럼 일부 지역에서는 아직도 일처다부제一妻多夫制가 남아 모계母系 사회가 유지되고 있기도 하고 시체를 토막 내 독수리에게 던져 주는 천장天葬이 행해지기도 한다.'

이 모든 이야기들이 다소 신비하고 엽기적이기는 해도 티베트 자체를 알아보고 파헤쳐 보고 싶게 만드는 매력적인 이야기이다.

또 이런 일들이 사실로 나타나기를 은근히 기대하는지도

모른다.

여름 한철의 유목가옥인 '여름 궁전'에 가까이 가니 15세 정도 된 여자아이가 휘파람을 불면서 야크 떼를 몰고 있다.

야크 떼가 이방인을 경계하며 덤벼들 태세다.

소녀의 휘파람 소리에 경계를 하던 야크 떼가 온순해진다.

지름길로 가자고 하여 무작정 용라산을 올라왔는데, 이런 오리지널 유목민을 만나리라고는 생각지도 못했다.

이는 여행을 하면서 맛보는 행운의 만남이다.

행운을 놓치기 싫어 사진을 같이 찍자느니, 야크 젖을 짜보자 느니, 유목 가옥에 한번 들어가 보자느니 하면서 부산을 떨었다.

그런데 휘파람 소녀의 모습이 이상하다.

15세 소녀치고는 배가 너무 많이 나왔다.

적어도 임신 9개월은 충분히 된 듯하다.

다시 유심히 소녀의 배를 보았다. 이는 틀림없는 임신이다.

그러면 내가 서울에서 듣고 온 이야기가 지금 현실로 나타났단 말인가?

정말로 저 소녀의 애기 아빠를 알 수 없단 말인가? 소녀 뱃속에 있는 아이의 아빠가 언젠가 지나간 여행객일까?

부질없는 추측만 계속되고 궁금증만 더해 갔다.

원조 유목민을 만나보고 린붕그Rinbung를 거쳐 라사Lhasa로 오는 동안 내내 마음에 남는 것은 임신한 15세 소녀의 이야기가 아니라 티베트라는 나라의 실체가 무엇인가 하는 것이다.

무엇이 티베트를 영원하고 신비로운 환생의 땅으로 만들었나 하는 것이다.

라사에 도착하니 오후 4시가 넘었다.

급히 세라 사원色拉寺으로 향했다.

4시부터 세라 사원에서 판경(判經: 경전을 존쟁하여 판단하는 것)이 시작된다고 한다.

세라 사원에 도착하니 벌써 많은 관광객이 학승들과 어우러져 열기가 대단하다.

한 승려는 앉아 있고 다른 승려는 일어나서 앉아 있는 학승에게 자신의 주장을 손뼉을 쳐서 알리고 질문과 설득을 반복한다.

예를 들면 이렇다.

"옴마니 반메옴을 아느냐!"

"반야심경의 아제 아제 바라아제가 무슨 뜻인지 아느냐?"

"몇 대 달라이 라마가 포탈라 궁을 세웠느냐."

"판첸라마는 어떻게 생기느냐?"

사실 티베트어로 설법을 나누어서 관광객은 알아듣지 못한다.

다만 손뼉을 치고, 땅이 파이도록 힘주어 열심히 토론을 하는 모습에서 티베트 불교가 왕성하게 발전하고, 앞날이 밝구나 하는 생각을 가지게 된다.

세라 사원에서 판경을 구경하고 나오는데 한 관광객이 이렇게 말한다.

"무슨 놀이Game 같아!" 다른 관광객은 이렇게 말한다.

"아니야, 그 무엇Something이 있는 것 같지 않아?"

판경하는 모습이 어떤 놀이 같기도 하고 어떤 심오한 진리 탐구 같기도 하다.

어떤 것인지는 몰라도 티베트만이 가지는 특이한 신비성이 아닌가 생각한다.

티베트 촌보寸步-4

4. 영혼까지 비추는 하늘호수

2006년 10월 5일, '하늘 호수'라는 남쵸Namtso 納木錯를 가는 날이다.

하늘 호수라고 하니 유시화의 '하늘 호수로 떠난 여행'이 생각난다.

유시화는 인도의 어느 시골집에 누워 구멍 난 지붕 사이로 밤하늘의 별빛을 보면서, 동그란 구멍에 비친 별이 마치 하늘에 호수가 매달려 있는 것 같다고 하여 이렇게 표현을 했다.

오늘 가는 남쵸 호수도 별이 빛나고 하늘에 매달린 호수일까?

남쵸를 향해 나서니 어제까지만 해도 민둥산이었던 주위의 산들이 새하얀 눈으로 덮여 있다.

간밤에 눈이 온 모양이다.

하늘도 꾸물꾸물하다. 눈이 올 것만 같다.

여행에서 날씨 좋은 것이 큰 혜택인데 오늘은 아닌 모양이다.

남쵸Namtso 호수는 라사에서 서북쪽으로 200km 떨어진 곳에 있다.

청짱 열차가 지나는 곳이다.

남쵸 호수는 해발 4,718m에 위치한 세계에서 가장 높은 소금호수다.

남미의 티티카카 호수보다도 높다.

세계에서 가장 높은 곳에 있다고 해서 '하늘 호수'라고 한다.

유시화의 '하늘 호수'와는 완전히 다르다.

영혼까지 비춘다는 남쵸의 하늘 호수는 유시화의 하늘 호수처럼 하늘에 호수가 매달려 있는 것이 아니라 하늘의 별들이 남쵸 호수로 쏟아져 내려와 호수 속에 하늘이 담겨 있다.

5,150m의 라겐라Largenla 고개로 향할수록 눈발이 쎄지고 바람이 거세다.

라겐라에 도착하니 주위에 눈이 수북하게 쌓여 있다.

이 고개에서 남쵸 호수를 보면 그림 같은 호수 주위에 유목민들이 현세의 고달픔을 잊고 야크와 더불어 평화롭게 노니는 모습이 일품이라고 하는데 오늘은 심술궂은 날씨 때문에, 아니 풍진에 찌든 내 몸 때문에 영혼의 하늘 호수 일품을 못 봐 아쉽다.

호수 가까이 가니 부부 바위가 우리를 반긴다.

멀리 7,000m급 넨젠탕그라 산맥의 설봉이 남색 호수에 잠겨 있다.

부부 바위의 유래나 전설은 알 수 없지만 바위 위에 달린 타르쵸를 보면 영험한 부부 바위임에 틀림없다.

소원 하나를 부부 바위에 빌어 볼까 하는데 찬바람이 옷소매를 파고든다.

어설픈 나그네의 소원을 받을 수 없단다.

찌든 때를 좀 더 씻고 마음을 정갈하게 하란다.

남쵸 호수로 올라가고 내려오는 길의 교통법규가 특이하다.

보통 교통법규는 '이 지점의 제한속도는 몇몇 킬로미터'라고 하는데 이곳의 지정속도는 일정 구간 내에서 총소요시간을 준다는 것이다.

즉 '남쵸 호수 입구에서 라겐라 고개까지 총 시간은 30분이다'라고 하면 그 구간 내에서는 어떻게 달리던 30분만 채우면 되는 것이다.

지정된 30분을 못 채운다거나 넘기는 경우에는 벌금을 부과한다고 한다.

그러다 보니 빨리 달린 차는 시간이 남아서 점검 지점 앞에 차를 세워 놓고 30분이 되기를 기다리게 된다.

티베트인의 생각이 재미있다.

남쵸 호수 입구인 담숑Damshung 삼거리에 나오니 점심때가 됐다.

식당에 한 무리의 티베트족이 모여서 무엇을 흥정하고 있다.

티베트족이 우리를 보더니 날쌔게 달려왔다.

비닐봉지에 들어 있는 것을 사라고 한다.

동충하초冬蟲夏草다. 처음 본다.

밑 부분은 누에 애벌레 같고 위는 까만 뿔처럼 생겼다.

신비의 신약神藥이란다.

동충하초Cordyceps sinensis 는 맥각균의 일종이 나방, 매미, 잠자리 등의 성충 및 유충에 기생하여 만들어지는 것으로 겨울에는 벌레였던 것이 여름이 되면 버섯으로 변한다 하여 붙여진 이름이란다.

동충하초는 폐를 보호하고 신장을 튼튼하게 하는 영양 강장제로 면역 기능을 강화한다고 한다.

또한 종양 억제 율이 83%이고, 마약 중독의 해독제로 쓰인다고 한다.

특히 고산 4,000m 이상에서 채집한 티베트산 동충하초의 약효가 가장 좋다고 한다.

나와 같이 여행을 계속한 스루가이드가 티베트산 동충하초를 보더니 정신이 나간다.

순수 티베트족인 운전기사의 조언으로 3,000위엔 어치의 동충하초를 샀다.

우리나라 돈으로 39만 원이다. 중국에서는 매우 큰돈이다.

거금을 들여 산 스루가이드의 말에 의하면 3만 위엔이 넘는다고 한다. 공짜란다.

또 품질은 순수 티베트 운전기사로부터 보증 받았기 때문에 가짜를 걱정할 필요가 없다고 한다.

다른 지역의 관광지에서는 밀가루로 만든 가짜도 있다고 한다.

티베트의 민둥산에는 동충하초 말고도 많은 약초가 산재해 있단다.

나무 한 그루 없는 삭막한 산 전체가 보배 덩어리이고 영지靈地다.

또 지하자원이 풍부하단다.

특히 석유와 우라늄이 많아서 중국 당국이 티베트를 놓지 않는다고 한다.

티베트는 영혼의 땅, 신비의 땅, 풍요의 땅이다.

라사로 돌아오니 저녁이 됐다.

오늘 밤이 라사에서의 마지막 밤이다.

객고를 풀고 싶다. 택시를 탔다.

라사 시내 어디를 가든 택시비는 10위엔 이다.

한족 택시기사의 기분이 좋다.

기분이 좋은 이유인즉 "오늘 재수가 좋다. 어떤 손님이 100위엔을 내고는 잔돈을 거슬러 가지 않겠다고 한단다.

손님이 오늘 사랑하는 여자 친구로부터 버림을 받았기 때문이란다.

슬픔 때문에 돈이 필요 없단다."

은둔의 땅에도 사랑이 있고, 슬픔이 있고, 행복이 있구나!

척박하고 삭막하며, 거칠고 황량한 티베트에 인간사의 희로애락이 있고, 삶의 진수가 있구나!

하늘 철도 청짱 기차青藏汽車를 타다

오늘이 2006년 10월 6일이니 하늘 철도가 열린지 석 달하고 5일이 지났다.

서울에서 이 기차를 타려고 무진 애를 썼다.

우선 기차표를 구하기가 어려웠다. 중간 지점인 시닝西寧에서 라사를 가려면 북경에서부터 기차표를 사야 한단다.

즉 중간에 타도 전 구간 요금을 내야 한단다.

그것도 표가 없단다. 하늘 열차를 타고 라사로 들어갔다

나오려던 나의 계획을 바꾸어 라사로 들어갈 때는 비행기

로 들어가고 나올 때 시닝까지 하늘 열차를 타고 나오기로 했다.

그런데 이것마저도 표 사기가 어려웠다.

서울 출발 하루 전에야 겨우 라사-시닝 열차표를 샀다는 연락을 받았다.

어렵게 기차표를 샀다고 하니 아마도 많은 웃돈을 주고 샀겠구나 하는 생각이 들었다.

아침 9시 30분 출발 1시간 전 라사 역에 도착했다.

사람이 많다.

현지 티베트족이 많았다.

티베트족 특유의 옷차림이다.

야크나 양털로 짠 다양한 색상의 모직 망토를 걸치고, 남자는 헐렁한 바지를 입고 여자는 치마를 입었다.

여자는 머리를 가늘게 꼬아 발처럼 늘어뜨렸다.

이마에 끈을 매서 등짐을 졌다.

티베트인들은 평생에 세 번밖에 목욕을 하지 않는다고 한다.

그 말이 사실인지 티베트족 근처에 가니 냄새가 좀 났다. 인간 본성의 냄새다.

향수나 화장으로 치장한 외국인의 냄새보다는 정겨움이 있다.

사람이면 사람다워서 사람 냄새가 나야지 사람 냄새가 아닌 꽃 냄새가 나서야 되겠는가?

하늘 열차의 내부는 깨끗하고 산뜻했다.

고급 침대칸에 사람이 없다.

서울에서는 그렇게 기차표 사기가 어렵다고 했는데 사람이 없다니 이해가 되지 않았다.

네 명이 타는 한 칸에 두 명이 독차지했다. 다른 침대칸도 텅텅 비었다.

두 명이 편하게 가게 되어 좋았지만 속은 기분이다.

이런 일이 생기는 것은 기차표 발매를 북경에서 주로 하기 때문이란다.

전산화가 제대로 되지 않은 이유도 한몫을 한다.

또 공산 사회주위의 불합리성과 만연된 부정의 일부이기도 하다.

산소 공급기도 있고, TV도 있고, 시계도 있고, 탁자도 산뜻하고, 화장실도 깨끗하고, 공동 세면대도 있고, 실내는 넓고 쾌적하다.

하늘 열차를 탄 기분이 마치 은하철도 999를 탄 기분이다.

어린 소년이 된 기분으로 은하철도 999 노래를 불러 본다.

기차가 어둠을 헤치고 은하수를 건너면
우주 정거장엔 햇빛이 쏟아지네.
행복 찾는 나그네의 눈동자는 불타오르고
엄마 잃은 소년의 가슴엔 그리움이 솟아오르고
힘차게 달려라 은하철도 999
기차는 은하수 건너서 밝은 빛의 바다로
끝없는 레일 위엔 햇빛이 부서지네.
꿈을 찾는 방랑자의 가슴에선 찬바람 일고
엄마 잃은 소년의 눈에는 눈물이 가득 차 있네.
힘차게 달려라 은하철도 999

하늘 열차는 설레고 애틋한 소녀의 감정을 불러일으키며 강을 건너고, 들판을 지나고, 동네를 지나고, 터널을 지나 하늘에 가장 가까운 탕그라산Tanggula,唐古拉山을 향해 설산을 끼고 돌았다가는 없어지고 없어지는 듯 하다가는 다시 나타나는 긴 숨바꼭질을 한다.

시닝까지 소요시간 26시간 40분이라는 말 자체만 들어도 질리고 몸이 피곤해지는 긴 여행에서 식사 시간은 새로운 활력을 주고 여행의 참맛을 맛보게 한다.

식사 때가 되니 하늘 열차에서도 한국 기차에서처럼 "도시락 왔어요! 김밥 왔어요! 오징어 땅콩 왔어요!"

하면서 지나간다.(실제는 다 중국 음식이다)

식당 칸에 가니 도떼기시장통이다.

알지 못하는 중국 여자 승객 앞에 합석을 하고 주문을 했다.

음식 이름은 알 수 없지만 돼지 삼겹살에 마늘잎을 넣어 복은 것과 양고기에 피망고추를 넣어 복은 음식을 밥과 함께 시켰다.

밥맛도 밥맛이지만 중국 사람들의 식사하는 모습이 하도 요란스럽고 부산스러워 밥이 어디로 들어가는지 밥맛이 있는지 알 수가 없다.

그래도 사람 사는 모습이다.

만약 식당 칸에 적막만이 흐르고 우리만이 있었다면 산해진미가 있다 한들 무슨 맛이었겠는가?

아마 죽을 맛일 것이다.

식사를 마치니 나만의 포만감에 저절로 잠이 온다.

하긴 지루한 철도 여행에서 잠은 세상의 번뇌를 잊게 하고 긴 여행을 짧게 만드는 요술쟁이다.

요술쟁이 덕분에 지루함을 잊고 탕그라 산마루턱까지 올 수 있었다.

정말로 하늘이 가까이 있는 모양이다.

석양의 하늘이 손에 잡힐 듯하다.

고도 5,100m, 밖의 온도 영하 4도, 시속 130km, 라사를 출발한 지 9시간 경과, 가장 높은 하늘마루, 오늘은 추석날…….

무슨 시 한 구절이 나올 듯한데 무지렁이 범부의 머릿속엔 공허한 바람만이 스치고 어두워지는 창밖을 멍청히 바라보며 '추석 보름달이 떠오르고 있구나.'라고만 뇌까리고 있다.

숨차게 탕그라산 마루턱을 향해 올라온 기차가 산을 넘어 내리막길로 접어든다.

철로 위 바퀴의 철거덕 철거덕 소리가 빨라진다. 바퀴의 철거덕 소리가 자장가 노래 같다.

또 다른 자장가 소리에 잠을 깨니 창밖에 한 폭의 수묵화가 걸려 있다.

때는 한가위, 청아한 달빛이 소복한 여인처럼 내려와 허리 허리 산허리마다 은빛을 칠하고, 계곡 계곡 산 계곡마다에는 잿빛 구름이 내려와 앉았다.

으스름달밤에 수묵의 향기가 진동한다.

한 폭의 동양화가 쉬지 않고 나타났다가 지나가고 지나갔다가 나타난다.

한밤에 보는 절경이 새롭다.

밤12시, 시닝까지의 중간역 거얼무Gomlod에 도착했다.

밖의 기온이 낮은 모양이다.

역무원들이 두툼한 털 코트를 입고 있다.

특히 귀까지 가리고 있는 여자 역무원의 모습이 애처롭다.

그 옆에 일본에서 온 듯한 청년들이 플랫폼에 나와 담배를 피우고 있다.

반팔 옷을 입었다. 춥지도 않나? 여자 역무원은 추워서 발을 동동 구르고 있는데 말이다.

젊기 때문인가? 그래 젊음이라는 것은 위대한 것이다.

젊음이라는 것은 무엇이든지 할 수 있다.

추위도 무섭지 않고, 고산병도 이길 수 있고 오직 전진과 탐험만이 있을 뿐이다.

나도 젊어지고 싶다.

시닝 역에 가까워 오는 모양이다.

공급하던 산소도 보내지 않는다. 청해성青海省의 자작나무도 보인다.

라사를 출발한 지 26시간이 지났다.

좌석 칸을 가 보았다. 이것은 여행이 아니라 고행이고 극기훈련이다.

모든 사람들이 피곤에 찌들어 있다.

이들이 어디까지 갈는지 모른다. 48시간 걸리는 북경까지 갈는지도 모른다.

지금까지의 고통은 보잘것없는 것인지 모른다.

사실 과거에는 이보다 수십 배 많은 고통과 어려움이 있었다.

청짱 공로青藏公路를 통해 다닐 때는 이보다 더 많은 시간이 걸렸고 위험성도 많았다.

이 모든 고통과 고행이 현세의 고단함을 잊고 내세에 올 확고한 신념이 이들에게는 있어서 행복하고 기쁜 것이며, 다른 이의 위로와 연민을 도리어 불쌍히 여기는 것이다.

참삶을 이어 가는 티베트인의 무궁한 영혼의 세계가 하늘열차와 같이 하기를 …….

세월을 거슬러 간 여행

신덕재 수필집

인 쇄 2017년 12월 15일
발 행 2017년 12월 20일

지은이 신덕재
발행인 서정환

펴낸곳 신아출판사
주 소 전라북도 전주시 완산구 공북1길 16 (태평동 251-30)
전 화 (063) 275-4000 · 0484 · 6374
팩 스 (063) 274-3131
이메일 sina321@hanmail.net
출판등록 제465-1984-000004호

저자와 협의, 인지는 생략합니다.
잘못된 책은 바꿔 드립니다.

ISBN 979-11-5605-488-7 03810
값 13,000원

이 도서의 국립중앙도서관 출판시도서목록(CIP)은 서지정보유통지원시스템 홈페이지(http://seoji.nl.go.kr)와 국가자료공동목록시스템(http://www.nl.go.kr/kolisnet)에서 이용하실 수 있습니다.(CIP제어번호: 2017034040)

Printed in KOREA